Wienke Ursula Schulenburg

Mi Amor

Winter im Frühling des Lebens

El Faro Verlag

Wienke Ursula Schulenburg

Mi Amor

Winter im Frühling des Lebens

El Faro Verlag

Bibliografische Information der Deutschen Nationalbibliothek
Die Deutsche Nationalbibliothek verzeichnet diese Publikation in der
Deutschen Nationalbibliografie; detaillierte bibliografische Daten sind im
Internet über http://dnb.d-nb.de abri

ISBN 978-3-942721-00-4
© 2016 Wienke Ursula Schulenburg, soulcentered-evolution.com
El Faro Verlag Hamburg, Ana Cecilia und Dietmar Schoof GbR
elfaro-verlag.com
Herstellung und Vertrieb: Books on Demand GmbH, Norderstedt

Widmung

Dieses Buch ist all den Kinderseelen gewidmet, die draußen, überall in der Welt, tapfer um ihr Leben kämpfen. Ihnen, die mit dem Mut der Verzweifelten für ihr seelisches und oft auch körperliches Überleben streiten müssen. Tag für Tag. Nacht für Nacht.

Die sich Mutterseelenalleine fühlen und doch tief in ihrem kleinen, vor Liebe überquellenden Herzen wissen, dass sie nicht verloren sind, dass es Hoffnung gibt und dass sie das Paradies in sich tragen, in das sie ihre Welt und ihr Leben verwandeln wollen.

Und es ist gewidmet der großen Liebe meines Lebens, der Seele, die ich nicht aufhöre kennen zu lernen und die mich jeden Tag aufs Neue mit ihrer stillen Schönheit und Stärke tief berührt und mit Liebe und Glück füllt.

Du, inneres Kind, bist eine Göttin in einem kleinen, zerbrechlichen Körper, stark und sensibel zugleich. Du bist so voller Liebe, dass es mein Herz aufblühen lässt, wenn ich Dich sehe. Du bist das Licht meines Lebens, das Schönste und Beste, was mir je begegnet ist. In Deiner Nähe fühle ich das größte Glück und die tiefste Zufriedenheit. Bei Dir weiß ich, dass ich alles schaffen kann, dass alles möglich ist. Und der Tod nicht das Ende unserer Verbindung ist.

Mit Dir zusammen bin ich der glücklichste Mensch der Welt und es ist meine schönste Aufgabe, Dir die Hand reichen zu dürfen und zu helfen, Deine Lebensmission zu erfüllen.

Geliebte Seele, geliebtes Kind, das in mir wohnt und das Leben so unendlich liebt...

6

Vorwort

Lieber Leser, liebe Leserin,

Dieses Buch beschreibt in schockierenden, zu Herzen gehenden Geschichten das Leben eines kleinen Mädchens, das auf grausame Weise missbraucht wird und um sein Leben kämpft.

Die Geschichten haben das Ziel, wachzurütteln und das aufzuzeigen und auszusprechen, was Kinder, die missbraucht werden, wirklich durchmachen. Das Aufgeschriebene soll zeigen, was sonst gut vor den Blicken anderer geschützt hinter zugezogenen Gardinen und unter dem Deckmantel des behüteten Familienlebens stattfindet.

Das Buch will nicht provozieren, obwohl sich so manch einer sicher provoziert fühlen wird, es will nicht schockieren um des Schockierens Willen, es möchte lediglich ein Sprachrohr für all die gequälten Seelen sein, die gefangen in sich ihre Sprache verloren.

Vergessen wir nicht, dass beim Kindesmissbrauch zwei Welten, die gegensätzlicher nicht sein könnten, aufeinanderprallen: Die kindlich offene, unberührte, reine Gefühls- und Seelenwelt und die Welt der Negativität, der fehl gerichteten, zerstörerischen Aggression, der Perversion.

Dieser Kontrast soll in diesem Buch aufgezeigt werden, der sich durch alle Bereiche des Lebens zieht, weshalb auch zuweilen eine ordinäre, vulgäre Sprache nicht zu umgehen ist, ist sie doch die Ausdrucksweise des Täters, der keine Rücksicht auf die Gefühle des Kindes nimmt und seine Zerstörung wissentlich in Kauf nimmt, ja, vielleicht sogar beabsichtigt.

Bitte denken Sie daran, dass Sie als Leser jederzeit empört, angewidert oder verletzt das Buch zur Seite legen können. Ein Opfer kann dies aber nicht tun. Einfach deshalb nicht, weil es keine Geschichte ist, die es da liest, sondern sein Leben, in dem es als Kind und abhängiger Mensch gefangen ist und nicht einfach ausbrechen kann.

Ich hoffe, dass sich so mancher selbst gelittener Mensch bestärkt durch dieses Buch ermutigt fühlt, für sich zu kämpfen, zu seiner Wahrheit, so grausam und unerträglich diese auch sein mag, zu stehen und den Mut findet, die Mauern seiner seelischen Isolation zu durchbrechen und das Trauma für sich zu überwinden.

Das, was einem als Unrecht widerfuhr, muss nicht in einem verborgen bleiben und einen von innen heraus schwächen und vergiften. Es gibt verschiedene Wege, dieses „Gift" und diese negative Energie aus sich heraus zu bekommen, sei es mittels einer Therapie oder indem man selbst im Anschluss einen Heilberuf wählt und anderen Menschen hilft. Man kann sich zu dem Erlebten in Vorträgen und Workshops äußern, die man vielleicht sogar selbst leitet und ins Leben ruft. Und nicht zuletzt über Publikationen und Öffentlichkeitsarbeit.

Das Geschehene lebt so lange in einem weiter, wenn auch unterdrückt und vielleicht sogar verdrängt, bis man den Mut findet und sich durchringt, für sein Recht einzutreten und die Grenzen zu setzen, die zuvor überschritten wurden.

Mag dies auch oft ein langer Weg sein, so ist es doch einer, der sich lohnt, steht doch am Ende die Freiheit. Erst dann finden die meisten Betroffenen zu wahrem Frieden in sich und können das Leben, die Menschen und nicht zuletzt sich selbst so lieben, wie sie es sich aus tiefstem Herzen wünschen und wie es unser aller Geburtsrecht ist.

Inhaltsverzeichnis

10

Die Perlenprinzessin

Es regnete in Strömen an diesem Donnerstag im November, als Carlotta traurig und ein wenig missmutig in ihren gelben Gummistiefeln, die ihr aufgrund der zu kurzen Socken immer Blasen an den Waden rieben, durch den Regen von der Schule nach Hause stapfte. Der Ranzen wog sichtbar schwer auf ihren Schultern und ließ sie gebückt gehen, als trüge sie schon die Last eines ganzen gelebten Lebens mit sich herum. Einer Greisin gleich, obwohl sie doch erst am Anfang ihres Lebens stand.

Sie hatte sich die Kapuze tief ins Gesicht gezogen, damit ihre Haare nicht nass wurden und sie sich nicht erkälten würde. Wieder und wieder schimpfte ihre Mutter, wenn sie mit pitschnassen Haaren zu Hause angekommen war und alles trockengeföhnt werden musste und sie einen Rüffel und Schokoladenverbot für den Rest des Tages bekam.

Am Rand der Kapuze ihres kleinen Regenmäntelchens hingen die Tropfen und ab und zu, wenn sie den Kopf ein wenig anhob, löste sich einer und tropfte ihr ins Gesicht und lief ihre zarten, blassen Wangen hinab. Und wenn das Wasser nicht so süß geschmeckt hätte, man hätte meinen können, es sei eine Träne, die langsam an ihrem Gesicht herunterlief und von dem versteckten Schmerz ihrer Seele berichtete. Eine Traurigkeit, die sich schon so tief in ihr sensibles Herz gefressen hatte, dass es ganzer Meere an Tränen bedurft hätte, um ihr Ausdruck zu verleihen.

Eigentlich liebte sie den Regen, die vielen Pfützen, um die sie herum balancieren konnte, die dicken Tropfen, die lustig hoch spritzten und die warme Tasse Kakao, die ihr ihre Mutter bereitete, wenn sie durchgefroren nach dem Spielen zu Hause ankam und sich aufwärmte. Doch heute war sie bedrückt und konnte ihr kleines Herz nicht öffnen, nicht für den Regen, nicht für die Pfützen und nicht für sich selbst. Sie war unendlich traurig und wer sie sah, diese kleine, verlorene Gestalt, die wie entwurzelt durch ihr Leben lief, dem zog es unwillkürlich das Herz zusammen.

Doch schien keiner sie in ihrer Traurigkeit und Einsamkeit wahrzunehmen oder sehen zu wollen. Und so war es vielleicht einzig und allein der liebe Gott, der durch den Vorhang aus Regen zur Erde herniedersah und dort seinen kleinen Schützling entdeckte, der noch lange nicht am Ende seiner Qualen angekommen war und noch einen weiten Weg würde gehen müssen, bevor er in die Freiheit und Selbstbestimmung würde entlassen werden.

So war es vielleicht ein Zufall oder nicht, dass eine alte Frau kurz zuvor an diesem Novembertag ihr verknittertes Taschentuch aus der Manteltasche gezogen hatte, um sich zu schnäuzen und dabei eine Münze mit aus der Tasche zog, die platschend in eine der vielen Pfützen fiel, was im allgemeinen Regenprasseln allerdings unterging.

Da lag sie nun, die kleine, golden scheinende Münze, nach der sich nur der bückt, der in ihr einen Wert erkennt und es in Kauf nimmt, sich dafür die Finger schmutzig zu machen und wartete auf ihren neuen Besitzer, der auch schon in Form der kleinen Carlotta heran gestapft kam.

„Eine kleine Münze!", rief Carlotta leise, als sie das Geldstück vor sich liegen sah, was sie sicherlich übersehen hätte, wenn sie aufrecht gelaufen wäre. „Eine Münze!"

Sie bückte sich. fischte sie aus der Pfütze heraus und trocknete sie liebevoll mit dem Ärmel ihres Pullovers, den sie aus ihrer Regenjacke hervor zerrte. Plötzlich war der graue Novembertag ein klein wenig freundlicher und das trübe Einerlei in ihrem Herzen weniger und sie begann zu überlegen, was sie sich Schönes von diesem Stück Geld würde kaufen können. Ein paar Süßigkeiten beim Kaufmann, oder ein paar Bilder zum Einkleben in ihr Album? Oder sollte sie es sparen, wie es ihr ihre Mutter immer wieder geraten hatte, um sich irgendwann etwas ganz Großes zu leisten?

Nein, beschloss sie, nein, ich werde mir jetzt etwas kaufen, etwas Wunderschönes, etwas, was nur mir gehört und ganz, ganz lange hält und mein Geheimnis sein wird! Nur was?

So lief sie weiter und dachte nach, als sie plötzlich vor einem der Geschäfte einen dieser kleinen Automaten sah, wo man für etwas Geld Kaugummi bekam, einen Flummi oder ein anderes kleines Spielzeug. Sie blieb stehen und wandte sich dem Automaten zu, der sich direkt auf ihrer Augenhöhe befand. Und ganz außen an dem kleinen Fenster, der einen Einblick in die Schatzkammer des Automaten gewährte, entdeckte sie etwas, was ihr kleines Herz schneller schlagen ließ: Ein Prinzessinnenring mit einer zart Perlmutt scheinenden Perle!

Fasziniert konnte sie den Blick nicht abwenden, liebte sie doch das verzaubernde Schillern der Perlen, die, je nachdem wie man sie drehte, ihre Farbe ein wenig veränderten und so geheimnisvoll waren. Und wuchsen sie nicht, wie man ihr erzählt hatte, in einer Muschel irgendwo in den Weiten der Meere heran und waren etwas so Seltenes und Wertvolles, dass das Meer nur wenige der Muscheln mit diesem Geschenk glücklich machte?

Sie dachte an die kleinen Meerjungfrauen aus dem dicken Märchenbuch, das sie so sehr liebte, die sich mit diesen Perlen schmückten. Und die Perlen, so besagte es die Geschichte, waren die Tränen all der Frauen, die ihre Männer und ihre Liebe an das Meer verloren hatten und diese Tränen wurden nun als Perlen im Inneren der Muscheln wie in einem Schatzkästchen gehütet.

Sie konnte ihren Blick nicht mehr von diesem Ring abwenden, der dort mitten zwischen dem anderen Spielzeug im Automaten geduldig auf seine neue Trägerin wartet.

„Und wenn nun ein Flummi statt diesem Ring herauskommt?", fragte sie sich plötzlich erschrocken. „Was, wenn ich etwas ganz anderes bekomme und nicht diesen Ring?"

Wie sie es auch drehte und wendete, sie konnte keine Lösung finden. Die Verkäuferin konnte sie nicht fragen, die war immer so schlecht gelaunt, das wusste sie schon. Den Automaten schütteln, so dass der Ring bis nach unten fiel, funktionierte auch nicht, das hatte ihr Freund, der Benjamin, einmal gemacht, als er unbedingt den gelben Flummi haben wollte und dem dabei fast der Automat umgefallen wäre. Sie seufzte ein wenig und dann, wie aus einem inneren Impuls, steckte sie plötzlich die kleine Münze in den Schlitz, schloss die Augen, drehte an dem Knopf und... sie vermochte vor Aufregung und Anspannung ihre Augen nicht zu öffnen. Vorsichtig tasteten ihre Finger nach der Klappe, hinter der das Geschenk liegen würde. Hatte es nicht leise „klick" gemacht? Ein Flummi würde doch nicht so ein Geräusch machen, oder doch?

Sie hob die kleine Klappe an, griff hinein und, tatsächlich, es war ein Ring! Sie konnte ihr Glück kaum fassen und traute sich endlich, ihre Augen zu öffnen und siehe da, es war auch noch ein Perlenring, einer wie der, der am Plastikfenster des Automaten gelegen hatte! Sie wollte gerade nachschauen, ob es auch wirklich „ihr" Ring war, als sie schon ungeduldig zur Seite geschoben wurde.

„He da, mach Platz, hier wollen auch noch andere an den Automaten!", hörte sie die ruppige Stimme eines älteren Jungen. Unsanft wurde sie zur Seite geschoben und stand nun wieder mitten im strömenden Regen, allerdings mit dem schönsten und kostbarsten Ring der Welt!

Glücklich hüpfte sie durch die Pfützen, so dass es um sie herum nur so spritzte und so mancher eine kleine Pfützendusche von ihr bekam und sich griesgrämig nach ihr umdrehte. Doch ihr war es egal. Glücklich lief sie nach Hause, wo bereits ungeduldig ihre Mutter auf sie wartete.

„Kind, wo hast du so lange gesteckt?", waren die ersten Worte, die ihr aus der geöffneten Tür entgegenkamen und dahinter das sorgenvolle Gesicht ihrer Mutter, die jetzt noch sorgenvoller als sonst aussah und ihre Stirn in Falten legte, wie diese Hunde, die mit ihren Falten aussahen, als wären sie verschrumpelte, alte Äpfel. „Sieh dich an, ganz nass bist du geworden. Habe ich dir nicht gesagt, du sollst dir die Kapuze aufsetzen wenn es regnet?"

Ach ja, die Kapuze, die war bei all ihrer Freude in den Nacken gerutscht und ihr Haar war ganz nass geworden. Sie liebte doch den Regen in ihrem Gesicht.

„Komm ins Bad, dass ich dir die Haare trocknen kann, du holst dir ja noch den Tod!"

Brav trottete Carlotta ihr hinterher und setzte sich auf den Hocker im Bad vor den Spiegel.

Versonnen drehte sie an dem Ring an ihrem Finger, während ihre Mutter den Fön holte. Ein echter Meerjungfrauenring!

„Was hast du denn da?", fragte ihre Mutter, als sie den Ring an dem Finger ihrer Tochter bemerkte. „Sag bloß, du hast für so einen Tand wieder Geld ausgegeben!"

„Ich habe das Geld gefunden, ehrlich Mutti, es lag auf der Straße!"

„Auf der Straße? So so…"

„Doch, es lag wirklich auf der Straße!"

„Du weißt, ich mag es nicht, wenn du solche Dinge trägst, Carlotta, das habe ich dir doch schon so oft erklärt. Du bist ein kleines Mädchen und ich möchte nicht, dass du dich wie eine Frau herausputzt, das weißt du doch!"

Die Stimme ihrer Mutter klang irgendwie müde und doch streng und es lag etwas in ihr, was Carlotta einen Schauder über den Rücken fahren ließ. Es bedurfte keiner weiteren erklärenden und mahnenden Worte ihrer Mutter, denn die Kälte in der Stimme ihrer Mutter war bereits in ihr kleines Herz gekrochen und hatte sie an den Winter ihres Inneren erinnert, jene Kälte, die viel zu früh dort Einzug gehalten und den blühenden Garten ihrer Seele in klirrenden Frost hatte erstarren und erfrieren lassen.

Stumm zog sie den Ring von ihrem Finger und steckte ihn wortlos in die Tasche.

„So ist es gut, meine kleine Maus", sagte die Mutter mit tonloser Stimmen, „so ist es gut."

In aller Eile flocht die Mutter ihr das Haar, das Carlotta immer in einem artigen Zopf trug, denn offene Haare, die ihr beim Spielen wild ins Gesicht flogen, billigte ihre Mutter nicht. Und jedes Mal, wenn die Strähnen sich doch irgendwie gelöst hatten, rief sie Carlotta zu sich, um die kleine Mähne zu bändigen. Vielleicht agierte ihre Mutter etwas zu hart, vielleicht etwas zu streng und doch wusste Carlotta, dass es eben nicht anders ging und irgendein Geheimnis und böser Fluch mit ihren offen wehenden Haaren verbunden war. Etwas, das so furchtbar war, dass sie es nicht zu denken, geschweige denn zu fühlen wagte.

Carlotta saß in ihrem Zimmer und spielte, so wie sie es immer tat, wenn sie nach dem Abendbrot im Pyjama noch eine Weile aufbleiben durfte. Draußen war es dunkel und nur ein paar kleine Lichter erhellten ihr Zimmer. Bald würde Weihnachten sein. Sie liebte dieses kuschelige Gefühl in ihrem Zimmer und es kam ihr vor, als schwimme sie in einem Meer, wie ihre kleinen Seejungfrauen, die durch die unendlichen Ozeane schwammen und die Tränen der verlassenen Frauen am Strand einsammelten, um sie in den Muscheln zu verwahren.

Sie hatte sich ihr Badehandtuch über den Kopf und die Arme gelegt und lief in ihrem Zimmer hin und her und ruderte mit den Armen als wären es große Flossen, mit denen sie durch das Wasser schwebte. Sie hatte ihr Haar geöffnet, Mutti würde es ihr vor dem Schlafengehen wieder für die Nacht flechten, damit es nicht so verwirre und verklette, wie sie sagte. Sie liebte ihr feines, seidiges Haar, das fast golden glänzte, wie das der kleinen Weihnachtsengel am Christbaum.

Leise summte sie vor sich hin, ein Lied, das nur sie kannte und schwamm mit ihren Freundinnen, den kleinen Meerjungfrauen und Nixen um die Wette, um Neptun, ihrem Vater, von den gefundenen Schätzen zu berichten. Und heute hatte sie wahrlich von einem Schatz zu berichten, den sie stolz an ihrem Finger trug und der schöner war als alle Perlen, die er je zu Gesicht bekommen hatte!

So war sie ganz versunken in ihrem Spiel und hörte nicht, wie sich leisen Schrittes jemand ihrem Zimmer genähert und die Tür geöffnet hatte.

„Ah, da bist du ja, meine kleine Prinzessin!", hörte sie wie aus dem Nichts die Stimme ihres Vaters. Erschrocken hielt sie inne. „Und wie du dich herausgeputzt hast, komm her, lass dich anschauen!"

Plötzlich war es wieder Winter in ihr, das Meer gefror und sie war unfähig, sich zu bewegen.

„Tanz doch ein wenig für mich, kleine Prinzessin, das bist du doch, oder? Tanz für mich, kleine Nymphe!"

Ihr kleines Herz konnte sich gar nicht so schnell verschließen, als dass nichts von der Kälte dieses Menschen hätte eindringen können. Und wie ihre kleine Aufziehmaus, die so lustige Kreise zog, wenn man sie an dem kleinen Bändchen aufgezogen hatte, so tanzte sie jetzt kleine Kreise und drehte sich um sich selbst.

„So ist es recht, meine Kleine", hörte sie die Stimme des Mannes, der doch ihr Vater war, „und nun summ doch wieder dein schönes Lied."

Doch sie konnte den Mund nicht öffnen.

„Da sieh mal einer an. Zeig her, meine kleine Prinzessin, was hast du denn da an dem Finger? Meine kleine Prinzessin wird langsam zu einer großen Prinzessin, was? Lass sehen!"

Er griff nach ihrer Hand und musterte sie von oben bis unten, nachdem er sich vor sie hingekniet hatte.

Sie sah ihn aus ihren großen, runden Augen an, Augen, die so kindlich gar nicht waren, hatten sie doch schon Dinge gesehen, die Kinderaugen nie hätten sehen dürfen, um nicht ihre Unbekümmertheit zu verlieren.

Er liebte das Ernsthafte an ihr und oft fragte er sich, wie eine so kleine Persönlichkeit wie sie schon so reif und erwachsenen sein konnte. Erwachsener als so mancher Erwachsener. Er drückte ihr einen dicken Kuss auf den Mund, einen von der Sorte, den sie so hasste, weil er feucht und glitschig war und so ekelhaft roch.

„Komm her, meine Süße, setz dich auf Papas Bein. Ja, so ist es recht und jetzt zeig mir doch noch mal deinen Ring. Hm, der ist wirklich schön, weiß denn Mama auch davon? Nein, weiß sie nicht? Doch? Ist es dein Geheimnis, was? Siehst du, und jetzt ist es auch meins, jetzt haben wir noch ein Geheimnis mehr. Weißt du, meine kleine Prinzessin", fuhr er fort und seine Stimme wurde so komisch, dass ihr noch mehr Angst und Bange wurde, „weißt du, du hast auch eine kleine Perle, die versteckt in einer Muschel lebt, da unten, du weißt schon und wenn du willst, dann zeige ich dir, wo sie wohnt, das wäre doch schön, oder?"

Vaters Worte verwirrten und ängstigten Carlotta. Sie verstand nicht ihren Sinn, wohl aber ihre Botschaft und Folge, die sich immer und immer wiederholte: Das Grauen würde sie wieder weinen lassen. So weinen, wie all die Frauen am Strand, die ihre Liebe an das Meer verloren hatten und die in ihrer Untröstlichkeit bittere Tränen weinten. Tränen, die das Meer hinfort spülte, wo sie zu Perlen werden würden. Und dann, ja dann kämen die Meerjungfrauen, dachte sie noch, während sie nur noch wie im Traum die Hand ihres Vaters an ihrem Körper spürte.

Es würde so sein wie in dem dicken Buch mit den schönen Geschichten, dann kämen all die Nixen und Meerjungfrauen, die die Tränen und Perlen der Meere finden würden, sie aufsammeln und sie sicher bewahren, bis sie irgendwann erlöst werden würden von ihrem Schicksal, eine Perle zu sein. Eine Perle, die in ihrer Schönheit und schillernden Silbrigkeit von einer Seele berichtet, die in ihrer traurigsten Stunde ihren Glanz verlor, an den die kleine Perle nur noch erinnern kann.

So versucht jeder von uns auf seine Art seinem ganz persönlichen Grauen für eine Zeit zu entkommen und sei es auch nur mit Hilfe der Welt der Phantasie, die uns gnädig aufnimmt und uns Asyl gewährt, wenn wir es in unserem Leben nicht mehr aushalten.

Hoffen wir, dass Carlotta eines Tages die Kraft finden wird, die Scheinwelt zu verlassen und ihre Augen und ihr Herz zu öffnen für die Realität und Wahrheit, so schmerzlich diese auch sein mag.

Denn der Weg in die Freiheit führt durch den Schmerz hindurch, nicht an ihm vorbei.

Die inneren Wunden wollen gesehen und angenommen werden, bevor sie heilen können.

Und das Erlebte will nicht verdrängt und vergessen, sondern akzeptiert und integriert werden, um in Frieden Teil der Vergangenheit werden zu können und den Weg in die Zukunft frei zu machen.

Die weiße Serviette

Wenn dich von deinem Peiniger, Täter und Vergewaltiger nicht mehr als ein Sitzplatz trennt...

Wenn du sein Geschmatze bei Tisch ertragen musst und den Anblick seiner menschenfressenden Zähne, die er in ein saftig blutiges Steak gräbt, während er den rötlichen Saft des Fleisches mit einem schlürfenden Geräusch aufsaugt, als wäre es der Lebenssaft und ein Gemisch aus Blut, Urin und Angstschweiß, den er doch so sehr liebt, wenn er inbrünstig an deinem blutig gebissenen Geschlechtsteil saugt...

Wenn du seine leicht verdrehten Augen dabei siehst und seinen schielenden Blick auf dich und du voller Schrecken erkennen musst, wie hässlich diese Grimasse bei Tageslicht ist, ohne sich in der Dunkelheit verstecken zu können und er dir mit diesem sagen will: „So und nicht anders werde ich es nachher mit dir machen, mein kleines Täubchen"...

Wenn du den ahnenden und gleichzeitig nicht wissen wollenden gesenkten Blick deiner Mutter siehst, die dir gegenübersitzend alles mitbekommt und alles vermeintlich großzügig übersieht und ihr zurufen möchtest: „Bitte, hilf mir doch! Sag doch was! Tue doch was!", und nicht kannst, weil sie es nicht wissen will...

Wenn alle Anwesenden wissen, was hier vor sich geht und spüren, was in der Luft liegt und doch so tun, als gäbe es nur das saftige Steak oder wahlweise den Sonntagsbraten, der vielleicht ein klein wenig zu durch oder doch vielleicht ein klein wenig zu zäh ist...

Dann hast du zwei Optionen:

Entweder du tust es ihnen gleich und lebst in zwei Welten, Schizophrenen-gleich. Da gibt es die Welt deiner Gefühle, die unerträglich sind und dort die Welt des oberflächlichen Gleichmuts und der unbesorgten Heiterkeit.

Oder aber du machst diese Schizophrenie nicht mit und entscheidest dich für das, was real ist: Die Welt deiner Gefühle.

Nur dann bist du auf verlorenem Posten alleine in einem Ozean an Verlassenheit, Grauen und Einsamkeit, denn kaum einer wird sich für dich interessieren und sich dir zuwenden.

Du stehst vor der Entscheidung, jeden Tag aufs Neue, ob du diesen verlorenen Posten an der Grenze deiner Welt aufrechterhalten möchtest und sehenden Auges das Grauen ertragen, als Hüterin der Pforte zur Hölle, als Wächterin der Unterwelt, als Wächterin der Wahrheit deiner geschundenen Seele. Oder ob du dich dem Vergessen hingibst, dem süßen Vergessen und Verdrängen, das dich hinfort trägt in eine Welt, in der es keine Folter, keine Qual, keinen Missbrauch gibt, sondern nur das saftige Steak am Mittagstisch und eine schrecklich nette Familie, die gemütlich beisammen hockt.

So erging es Carlotta an diesem Sonntagmittag an dem weiß gedeckten Tisch mit glatt gebügeltem Tischtuch und gestärkten Servietten und einem wunderbaren Braten, für den Mutti den ganzen Vormittag in der Küche gestanden hatte und der jetzt verdammt noch mal gewürdigt werden sollte. Carlotta gab sich alle Mühe, das Fleisch in kleine Stücke zu schneiden, so, wie ihre Mutter es ihr gezeigt hatte, um es nicht so endlos lang kauen zu müssen, denn irgendwie war es doch wieder etwas zäh geworden. Und doch wollte es ihr nicht gelingen, eine gute Miene aufzusetzen, war doch das Spiel, was hier gespielt wurde, ein ganz anderes, ein böses, eines, das sie bedrohte, sie in Angst und Panik versetzte und dem sie nicht zu entrinnen wusste.

„Sitz gerade, Carlotta!“, hörte sie die mahnende Stimme ihrer Mutter, „und lehn dich nicht so mit den Ellenbogen auf den Tisch!“

„Ja wirklich“, pflichtete Carlottas Vater seiner Frau mit leicht ironischem Unterton bei, obwohl er doch selbst mehr fraß als dass er aß und saß über seinem Teller wie ein Schwein vor dem Trog. Aber heute war ja Sonntag und da wollte er nicht auch noch unnötig seine Frau reizen und wenn es Pluspunkte zu gewinnen gab, dann man ran! Und hatte er nicht noch neulich sich von ihr sagen lassen müssen, dass er ihr hinsichtlich der Erziehung ihrer Tochter immer in den Rücken falle?

„Mutti hat da ganz Recht! Ich finde auch, du solltest es endlich einmal lernen, ordentlich bei Tisch zu sitzen und eine gepflegte Konversation mit deinen Eltern zu führen, anstatt ewig vor dich hin zu muffeln..."

Carlotta verspürte plötzlich eine so starke Angst, dass sie das Gefühl hatte, augenblicklich auf Klo zu müssen, damit nicht hier und jetzt ein Malheur passierte. Sie zitterte so sehr, dass das Silberbesteck auf dem Porzellanteller leise klirrte. Flehentlich blickte sie zu ihrer Mutter. Diese aber stocherte hochinteressiert auf ihrem Teller herum und kaute, als ginge es darum, eine Meisterschaft zu gewinnen. Nein, diesmal würde sie sich nicht von ihrer Tochter und deren mitleiderregendem Blick einfangen lassen, wenn ihr Mann schon einmal zu ihr stand, dann sollte sie das ausnutzen und hieß es nicht eh in all ihren Erziehungsbüchern, dass das Elternpaar geschlossen gegenüber dem Kind auftreten sollte, als eine Front gewissermaßen, um die Schwierigkeiten im Alltag zu meistern?

„Hör deinem Vater nur gut zu!", sagte sie mit dieser wichtigtuerischen Erzieherinnenstimme und schaute Carlotta mit leeren Augen an, in denen Carlotta ihre Mutter nicht wiederfinden konnte, so kalt, abweisend und fremd waren sie.

Carlotta kam es so vor, als stünde sie direkt vor einem Abgrund und noch ein Schritt weiter und sie würde hinabstürzen und fallen, immer tiefer ins Bodenlose. Und als sie noch einen letzten, unsicheren Blick zu ihrem Vater warf, der sie unverhohlen angrinste und ihr durch sein ekelhaftes Grinsen seine Macht, seine uneingeschränkte Macht über sie und ihre Mutter demonstrierte, da tat sie diesen unheilvollen inneren Schritt und stürzte ins Bodenlose. Denn wo um alles in der Welt hätte sie sich noch festhalten sollen? An ihrer Mutter? An dem Monster von ihrem Vater?

Ihr Schutzengel war so fern, ihre kleine Welt zerstört. Stattdessen sah sie sich den Menschen, ihren Eltern ausgeliefert, die sie eigentlich hätten lieben sollen, sie aber tatsächlich Stück für Stück seelisch umbrachten und bei diesem Seelenmord zusahen, ohne mit der Wimper zu zucken.

Sie blickte auf ihren halbvollen Teller und bemühte sich, gerade zu sitzen und schaute doch mehr in sich hinein als auf das, was vor ihr lag. So etwas wie Trotz machte sich in ihr breit, ein Anflug von Wut und Hass, den sie aber nicht zeigen konnte, weil es nur noch mehr Härte und Brutalität gegenüber ihrer Person bedeutet hätte. Sie spürte ihren unabdingbaren Willen, hier und heute nicht aufzugeben, nicht zu sterben, seelisch zu verrecken, sondern einfach nein zu sagen, nein, und nochmals nein!

Und je mehr sie dieses Nein in sich spürte, desto stärker wurde ihr Wille, bei sich zu bleiben, zu leben, ihren Posten nicht aufzugeben und gegen die Negativität, die sie umgab und die sie aufzufressen drohte, zu kämpfen. Sie würde sich hier und heute nicht von diesen Monstern verschlucken lassen, sich nicht hinüber ziehen lassen auf deren Seite. „Nein, nein, nein!", rief sie innerlich und fast hätte sie voller Wut die Gabel auf den Tisch geschlagen. „Nein!"

„Und dein Trotz bringt dich auch nicht weiter!", hörte sie noch die penetrante Stimme ihrer Mutter. „Zu meiner Zeit, da saßen wir Kinder noch am Nebentisch, bis wir es gelernt hatten, manierlich zu essen..."

Manchmal ist in diesen Momenten der Druck auf uns so groß, dass wir an ihm zu zerbrechen drohen und manchmal das Dunkel so schwarz, dass wir vor lauter Angst, von ihm aufgesogen zu werden, am liebsten die Augen verschließen und uns hinweg träumen. Als kleiner Mensch ist es nicht einfach, in diesen Momenten standhaft zu bleiben, bei sich zu bleiben und dem nahenden Tod ins Auge zu sehen, um im schlimmsten Falle bewusst sterben zu müssen, einen qualvollen aber dennoch nicht ganz so einsamen Tod, weil zumindest wir uns nicht selbst in dieser schweren Stunde unseres Lebens verlassen haben.

Viele Betroffenen zerbrechen unter diesem Druck und zerbröseln zu Staub, den der Wind des Vergessens hinwegfegt, als hätten sie nie existiert. Doch manche und gerade die, die wir oft als die Schwächsten ein- und dabei unterschätzen und die doch eine ungeahnte Stärke in sich tragen, halten durch, halten das aus, was unerträglich ist und stehen innerlich auf, auch wenn sie schon am Boden liegen, immer wieder und wieder und wieder und verwandeln sich in dem Moment des größten Drucks in kleine Diamanten. Sie verschließen nicht die Augen vor dem, was mit ihnen geschieht, sondern bleiben bei sich und lassen sich nicht brechen, wie es sich der Aggressor wünscht.

Sie sind es, die so rein wie ein Diamant eine ungeahnte Klarheit in sich tragen und obwohl schwer verletzt klar in sich sind, „hart" wie Diamanten, die nichts auf dieser Welt zu zerstören vermag. Sie tragen in sich die immensen Kräfte ihrer Entstehung und sind sich dieser Kraft als Teil ihres Wesens bewusst.

Und so war es auch in diesem Moment, als Carlotta beschloss, „nein" zu sagen. Nein zu dem verlockenden Angebot so zu tun, als wäre das, was sie erlebte, nicht real. Und gleichzeitig „ja" zu sich selbst. Mit diesem „Ja" fühlte sie sich für einen kurzen Augenblick stark, stärker als ihre Eltern. Sie spürte die wahre Kraft ihres Inneren, ihre wahre Stärke und ihren unbeugsamen Willen zu leben und zwar ihr Leben. Ihr geliebtes Leben.

Im nächsten Moment fühlte sie sich seltsam nackt, sensibel und schutzlos und die Angst überkam sie wieder, dass man sie erneut brechen und zerstören würde.

Am liebsten wäre sie davongelaufen, doch man hätte sie aufgehalten, festgehalten und in ihr Zimmer gebracht. Verzweifelt blickte sie um sich und ihr Blick fiel auf die Serviette, die sie sich ordentlich auf den Schoß gelegt hatte. Wie im Reflex griff sie nach ihr und legte sie sich über den Arm, wie einen Vorhang und hielt diesen vor ihr Gesicht, senkte den Kopf über den Teller und aß, geschützt vor den gierigen Blicken, geschützt vor den ihre Seele auffressenden Augen, sicher vor den hämisch grinsenden Mündern und leeren Gesichtern, die ihr wie hölzerne Masken vorkamen.

Erleichtert begann sie zu essen und konzentrierte sich voll und ganz auf die Bohnen und das Fleisch auf ihrem Teller. Es war ihr egal, was um sie herum passierte.

„Lass den Unfug", hörte sie noch wie aus weiter Ferne die bitterböse, wütende Stimme ihres Vaters.

„Ach, lass sie doch", entgegnete ihre Mutter, die erschrocken über Carlottas Verhalten und die damit verbundene Geste gewesen war.

„Ach ja? Jetzt soll ich sie also lassen? Was willst du eigentlich, soll ich dich nun unterstützen oder nicht?"

„Ja, doch, schon, aber sie ist halt noch so jung und überhaupt..."

„Macht doch was ihr wollt, ihr blöden Weiber", rief er noch, stand auf, warf die Serviette auf den Teller und wollte gehen. Irgendwie schien er es sich jedoch anders überlegt zu haben. „Das wäre ja noch schöner, ich lass mich nicht von meinem Platz vertreiben und mir mein Sonntagsessen versauen!", setzte sich und begann, sein triefendes Stück Fleisch herunter zu schlingen, derweil Carlotta ihren Schutzwall aus Stoff aufrecht hielt. Sie spürte die hasserfüllten Gefühle ihres Vaters, doch sie würde den Arm nicht runternehmen, sie würde nicht nachgeben, nein, niemals!

„Dir werde ich es zeigen...", murmelte ihr Vater in sich hinein. „Ich werde mir das nicht bieten lassen..."

Doch plötzlich hatte Carlotta ihre Mutter wieder ein wenig mehr auf ihrer Seite und die totale Macht ihres Vaters schien untergraben.

„Komm, Carlotta", sagte die Mutter in einem versöhnlichen Ton, „sei doch so lieb und nimm die Serviette herunter!"

Carlotta tat, wie ihr geheißen und sah zu ihrem Vater hinüber, ein gerader, klarer Blick, vor dem er nur innerlich in die Knie gehen konnte. Sie sah ihn eine Weile an und für einen Moment hatte sie keine Angst vor diesem Ungeheuer und Mensch, der so übermächtig ihr Leben dominierte. Er konnte nicht anders, als vor ihr zu kapitulieren. Denn nichts ist stärker als die Kraft unserer Seele, wenn wir nur den Mut aufbringen, uns zu ihr zu stellen.

Doch wie oft im Leben halten solche Momente, die doch ewig dauern sollten, nicht lange genug an. Und so war auch Carlottas Sieg über ihren Vater nur ein kurzer. Und doch, sie hatte ein erstes Signal gesetzt und wenn auch nur ein kleines und schwaches, so doch eines, das in ihrer Möglichkeit stand.

Denn manchmal haben wir zum Schutz unserer Seele nicht mehr als eine dünne, weiße Serviette, die wie ein Vorhang gnädig das verhängt, was so unerträglich ist wie der Blick eines Täters, der uns unsere bevorstehende Vergewaltigung ankündigt und der sich auf das bevorstehende Spektakel und die Hinrichtung unserer Seele freut.

Mein lieber Leser, meine liebe Leserin,

Zunächst einmal möchte ich Sie beglückwünschen für Ihren Mut und vielleicht auch für Ihre Überwindung, zu diesem Buch zu greifen und in ihm zu lesen. Dafür, dass Sie auf die leise Stimme in sich gehört und sich für diese Lektüre entschieden haben.

Warum sollte man sich mit einem so hässlichen Thema wie dem des Kindesmissbrauchs auseinandersetzen, besonders dann, wenn man selbst betroffen ist? Warum sich noch einmal die alten Schmerzen und Gefühle vor Augen führen, wo es doch meist schon so lange zurückliegt?

Das fragen sich viele. Und noch mehr, seit das sogenannte „Gesetz der Anziehung" in aller Munde ist und man sich doch tunlichst auf das Schöne und Gute im Leben konzentrieren möchte, um mehr davon in seine Erfahrungswelt zu ziehen. Warum machen Sie und so viele andere sich also auf, hinab in die Hölle unserer Kindheit zu steigen, in die Schattenwelt aus Angst, Verzweiflung und Hoffnungslosigkeit zu tauchen? Noch einmal die Hilflosigkeit und Schrecken zu fühlen?

Lassen Sie mich Ihnen ein paar Gründe geben:

Die ersten sieben Jahre unseres Lebens sind unser emotionales Fundament für den Rest des Lebens. Alles baut sich auf diesen ersten Erfahrungen auf. Die Beziehung zu unserer Mutter prägt ganz entscheidend unser Urvertrauen und ob wir letztendlich glauben, dass das Leben gut, liebevoll und fürsorglich ist oder aber hart, kalt und gemein. Für ein kleines Kind ist die Gefühlswelt der Mutter „die Welt". In den ersten Jahren geht unsere Erfahrung kaum über diesen Horizont hinaus.

Was also glauben Sie passiert, wenn wir in unseren frühesten Lebensjahren Missbrauch erfuhren, Gefühlskälte, Einsamkeit? Wie wird sich diese Erfahrung, die wir ja meist komplett aus unserem Bewusstsein verbannen, allein schon deshalb, weil wir uns nicht mehr bewusst an sie erinnern, auf unser weiteres Leben auswirken?

Und wie wird sich ein kleines Mädchen, ein kleiner Junge fühlen, dessen Grenzen so radikal und brutal überschritten wurden wie bei einem Missbrauch? Kinder, die obwohl sie nein sagen und sich wehren, gezwungen werden?

Wie wird sich dieser kleine Mensch fühlen, wenn er in seiner Not nicht gesehen wird, seine Hilfeschreie nicht gehört werden und stattdessen in dem täglichen Alltag mitlaufen und „leben" muss, so als sei nichts geschehen?

Wird aus ihm ein Erwachsener, der wahrgenommen wird, der sich akzeptiert und sich um seiner selbst willen geliebt fühlt? Oder eher ein Mensch, der sich übersehen und ungeliebt fühlt, der für und um Anerkennung kämpft und das oft vergeblich und sich meist alleine, zurückgesetzt und unsichtbar fühlt?

Was wir unterschätzen ist, dass negative Erfahrungen in unserer Kindheit ein ungeheures Energiepotential in sich tragen. Selbst dann, wenn wir die Erfahrungen und Gefühle dazu komplett verdrängen.

Verdrängen heißt nicht: Verarbeiten. Verdrängen heißt auch nicht: Nur, weil ich es nicht mehr sehe, existiert es auch nicht. Verdrängen heißt auch nicht, dass die Wucht an alten Gefühlen plötzlich weg ist. Ganz im Gegenteil: alles das, was wir verdrängen, führt ein Eigenleben. Es ist wie ein Energiezentrum, das ähnliche Energien anzieht. Unbewusst.

Das sind dann die Momente, in denen viele als Erwachsene emotional grausame Partner anziehen, skrupellose Chefs oder sogar noch einmal durch die furchtbare Erfahrung einer Vergewaltigung gehen und nicht verstehen, wie um alles in der Welt sie so eine Erfahrung haben anziehen können. Wo kommt plötzlich dieses Ereignis her?

Die verdrängten, abgeschnittenen Gefühle leben weiter und ziehen ähnliche Erfahrungen in das Leben der Betroffenen, in denen sie gefühlsmäßig, leider oft aber auch körperlich, noch einmal an ihre alten Wunden herangeführt werden. Nicht, um sie zu strafen, sondern – und das missverstehen viele – diese anzunehmen und zu heilen.

Schmerz ist eine Einladung, nach innen zu gehen und zu schauen, wo die Wunde liegt, woher die Erfahrung kommt, damit so der Schmerz und die Wunde heilen können.

Beim Missbrauch wird dem Kind der Wille des Täters und Erwachsenen übergestülpt. Mit Gewalt wird ihm eine Situation aufoktroyiert, die es nicht will. Und auch wenn das Erlebnis oft Jahre und Jahrzehnte zurückliegt, so ist diese fremde Energie so lange in dem Betroffenen abgespeichert, bis sie bewusst gelöst und transformiert wird.

Stellen wir uns dazu folgendes Beispiel vor: Wir mussten etwas Verdorbenes zu uns nehmen, was nun mehr als schwer in unserem Magen liegt und uns Schmerzen bereitet. Und obwohl es viele Mittel gibt, die Schmerzen zu lindern, ist es bei einer größeren Vergiftung meist unumgänglich, das Aufgenommene zu erbrechen. Wieder los zu werden.

Ähnlich verhält es sich bei dem Missbrauch in der Kindheit: Da gären die verdorbenen Gefühle in unseren Seelenmägen und schwächen uns oder machen uns sogar das Leben zur Hölle. Und oft erfahren wir erst dann wahre Linderung, wenn wir uns noch einmal das Aufgenommene anschauen, seelisch „erbrechen". Nicht, um in dem Prozess zu verharren, sondern um uns von dem Aufgenommenen zu befreien. Dass das weder schön noch angenehm ist, steht außer Frage. Außer Frage steht aber auch, dass man sich nach jedem Erbrechen, ob nun körperlich oder seelisch, erleichtert und befreit fühlt. Wir erfahren Heilung und können wieder offen am Leben teilnehmen.

Wie aber findet man nun einen Zugang zu seinen verletzten Gefühlen, zu den Kindheitserfahrungen, die meist so weit zurückliegen?

Es gibt viele Wege; die wir gehen können: Eine Gesprächstherapie beginnen, Instrumente wie Traumanalyse, Hypnose oder Meditation nutzen, Tagebuchschreiben oder auch mit Hilfe eines Zwiegesprächs mit seinem inneren Kind. Auch Geschichten anderer Betroffener, wie die von Carlotta zu lesen, können hilfreich sein. Sie zeigen das, was ein kleines Kind fühlt und reaktivieren damit beim Lesen die eigenen Gefühle und Erlebnisse, selbst wenn diese anders gelagert waren.

Deshalb möchte ich Sie ermutigen, weiter zu lesen. Sich für die Traurigkeit, Verzweiflung und vielleicht auch Wut in Ihnen zu öffnen. Die Gefühle noch einmal durchlaufen zu lassen, immer in dem Bewusstsein, dass sie dadurch nicht verstärkt werden, sondern dass sie durch diesen Prozess abgebaut werden und langsam unser Gefühlsleben verlassen.

Stellen Sie sich diese Ihre alten Erfahrungen vor wie eine Flut, die über Sie hineinbrach und alles überschwemmte. Irgendwann verließen Sie das Überschwemmungsgebiet, das auch das Haus Ihrer Kindheit unter sich begrub und so begannen Sie ein neues Leben im Exil. Und obwohl Sie ein neues Leben fanden, ist da doch die Sehnsucht nach dem Eigenen, dem Zuhause, dem Seelenzuhause. Dieses liegt aber nach wie vor unter einer Wasserflut begraben, Wasser, das in den vergangenen Jahren zu modern begann und als stinkende Brühe jede Ihrer Lebensfreude überdeckte.

Denn Lebensfreude, Neugierde und das uneingeschränkte Ja zum Leben ist das, was so kostbar an der Kinderseele ist. Diese reine Energie und Freude am Neuen, am Leben, am Wachstum, die so vielen von uns Erwachsenen fehlt und die wir uns oft mühsam wieder zurück erarbeiten müssen. All diese Gefühle sind die Belohnung für den, der das Seelenhaus seiner Kindheit freilegt. Das modrige Wasser ablaufen lässt. Und anstatt wegzulaufen, den Kontakt zu seinem Inneren sucht und dieses annimmt und damit befreit.

Max und Moritz

Es gab in Carlottas Haus zwei Masken, die immer zur Faschingszeit aus dem großen, alten Eichenschrank, den wir in diesem Buch später noch kennen lernen werden, geholt wurden, um, mit ein paar bunten Girlanden geschmückt, das Thema der Jahreszeit, in diesem Fall die Faschingszeit, zu symbolisieren, wie es auch der Osterhase oder der Adventskranz taten.

Es waren zwei Masken, die, aus Pappmaché gefertigt, einem menschlichen Antlitz sehr ähnlich waren, wobei man den einen Max genannt hatte und den anderen eben Moritz, der ein breites Grinsen im Maskengesicht trug und riesige leere Augen hatte, denn es war ja immerhin eine Maske, die man sich vor das Gesicht halten konnte. Carlottas Mutter hatte die beiden Masken einst in einem ihrer verschiedenen Psychologie- und Esoterikkurse gefertigt, der den Arbeitstitel „Der Mensch und seine Masken" trug.

Carlotta hatte eine undefinierbare Angst vor diesen Masken, seitdem sie sie das erste Mal auf einer Faschingsparty in ihrem Haus getragen gesehen hatte. Sie lächelten zwar unaufhörlich mit ihren breiten Mündern, aber zeigten nicht, was der Mensch hinter ihnen fühlte. Und das war schon unheimlich. Sehr sogar.

Nun war wieder einmal Faschingszeit. Die Masken wurden aus ihrem Verließ befreit, aus dem Karton gehoben, in dem sie, sorgfältig in Seidenpapier verpackt, das Jahr über gelegen hatten und geradezu zärtlich von ihrer Mutter entstaubt. Nun ja, staubig waren sie im Grunde ja gar nicht, aber Ordnung musste eben sein.

Beim Anblick der Masken war Carlotta ein kalter Schauder über den Rücken gelaufen und ein tiefes Gefühl von Unwohlsein machte sich in ihr breit. Ihr erschienen die Masken wie zwei wilde Tiere vor ihr, jederzeit bereit, aufzuspringen und sie anzufallen.

„Was bist du denn so zögerlich?", fragte ihre Mutter erstaunt, nachdem Carlotta lange Minuten auf die offene Schachtel mit den Masken darin gestarrt hatte. „Es sind doch bloß Masken, die beißen nicht!"

Oh doch, sie bissen. Carlotta wusste es besser, wieder einmal. Nur fand sie keine Worte, es ihrer Mutter zu erklären. Denn die Wahrheit war, dass die beiden Masken Leben annehmen und über sie herfallen konnten, genauso, wie es auch der „böse Geist" immer tat, wenn er mit dem großen Badehandtuch über dem Kopf des nachts in ihr Zimmer gekommen war, um sie zu erschrecken und ihr weh zu tun. Dass ihr Daddy dahinter stand, wusste sie dann irgendwann auch, nachdem er ihr gesagt hatte, dass er diese Maskerade nur benutzte, um sie nicht zu erschrecken und damit sie nicht denken würde, ihr Papi wolle ihr Böses.

Ja, das hatte er doch tatsächlich gesagt und obwohl Carlotta damals gerade erst in den Kindergarten gekommen war, hatte sie sehr wohl die Absurdität dieser Aussage begriffen und sich gefragt, warum um alles in der Welt er ihr das alles erzählte, wo er sich doch dabei nur selbst verriet? So doof konnte man doch gar nicht sein?!

Doch, man konnte. Denn, so hatte er weiter gesagt, er wolle reinen Tisch machen und eine dauerhafte Beziehung konnte nur auf guter Basis gedeihen. Und eine eben solche Beziehung wollte er mit ihr, Carlotta.

So waren seitdem unendlich viele Abende und einsame Stunden vergangen, in denen er ihr sein Leid geklagt hatte, von seinen Eheproblemen berichtet und von den Sorgen um sein männliches Geschlecht erzählt hatte, während Carlotta still neben ihm liegend versuchte, das, was er ihr sagte, zu verstehen. Oft hatte er dabei auch geweint und sie aufgefordert, ihn doch zu trösten und manchmal, wenn er längere Zeit einmal nett zu ihr gewesen war, tröstete sie ihn auch freiwillig, indem sie ihm ihre Lieblingspuppe Annika brachte und zärtlich deren Arme um seinen Hals legte. Denn sie selbst mochte ihn nicht anfassen, schien doch jede Berührung von ihr nur das Wilde in ihm zu wecken und sie war ja gerade froh, dass es für einen Moment zu schlafen schien. Zum Glück gab es für solche Momente ihre treue Freundin, die Puppe Annika, der er ja wenigstens nichts antun konnte, wenn sie ihn mit ihren mit Wolle gefüllten Stoffarmen umarmte. Denn sie hatte, auch wenn es Carlotta selbst etwas merkwürdig vorkam, kein Loch zwischen den Beinen und auch keinen Mund, in den er ihr etwas hätte hineinstecken können.

Bei einem dieser unendlich langen Gespräche zwischen dem ein oder anderen Bier und im Schein der Nachtischlampe, hatte er ihr auch erzählt, dass er früher, als sie noch ein ganz, ganz kleines Mädchen gewesen war, sich eben verkleidet hatte, mit dem Badehandtuch oder den Masken, damit, nun ja, sie sich nicht erinnern oder das alles mit ihm in Verbindung bringen würde. „Das verstehst du doch, oder?"

Carlotta hatte nicht wirklich verstanden, aber sie nickte brav, obwohl sie im Grunde schon verstanden hatte. Und um das halb gelöste Rätsel vollends zu lösen fügte er noch hinzu: „Sieh mal, Häschen, es ist doch im Grunde wie der Osterhase oder der Weihnachtsmann, das erzählt man eben so, aber in Wirklichkeit bringen sie doch gar nicht die Geschenke, sondern die Eltern kaufen sie. Und so gibt es auch nicht den „bösen Geist" und das alles, Verstehst du?"

Was sie nicht verstand war, was der Weihnachtmann mit dem „bösen Geist" zu tun hatte, brachte doch der eine Geschenke und der andere einen bleichen, ekelhaft stinkenden Wurm mit den piksenden Haaren drum herum, die sich in ihrem Rachen verfingen.

Als hätte er ihre Gedanken gehört hatte er ihr daraufhin erklärt, dass das schönste Geschenk, was ein Mann einer Frau bereiten könnte, nun eben sein bestes Stück wäre und die Lust, die er ihr damit bereiten könne, so dass sie laut singt und schreit und Kinder von ihm will und nicht aufhört ihm zu sagen, dass sie ihn liebe.

„Und du bist jetzt eine Frau, Carlotta!", hatte er noch eindringlich gesagt und sie auf den Mund geküsst, „du bist jetzt eine Frau, eine kleine Frau, aber doch schon eine Frau mit allem, was dazu gehört!", hatte die Bierflasche abgestellt und ihr Nachthemd hochgeschoben, um sie lange und ausgiebig zu küssen. „Gefällt dir das?"

Carlotta wusste, dass sie jetzt nicken musste, wenn sie Schlimmeres vermeiden wollte. Er schob seine Hände hoch und musste selbst erstaunt zur Kenntnis nehmen, dass sie keinen

Busen hatte. Er hielt inne. „Sag mal, Carlotta, wie alt warst du noch gleich?"

„Fast sechs."

„Ach ja, natürlich, wusste ich doch", murmelte er und versank wieder zwischen ihren Beinen. „Irgendwann wird dir das alles hier gefallen, das verspreche ich dir und du wirst ganz verrückt nach mir werden und betteln, dass ich es mit dir mache!". Er seufzte auf und fing an, an sich herum zu spielen. „Sieh mal", sagte er in dieser ekelhaften Art und fasste sich dabei an, „so musst du es machen. Siehst du, wie es ihm gefällt und er ganz dick und hart wird?"

Er legte den Kopf in den Nacken und stöhnte. Carlotta stand ängstlich und angeekelt daneben. Was sollte sie tun?

„Wenn du willst, kannst du ihn auch mal anfassen."

Nein, sie wollte nicht.

Heftig schüttelte sie den Kopf und blickte zu Boden. Er bückte sich zu ihr herunter und küsste sie auf diese ekelhaft zärtliche Art.

„Aber, aber, das muss dir doch nicht peinlich sein, schau mal her, du weißt doch schon, wie das geht, oder? Neulich hat das doch schon ganz gut geklappt und du hast deinen Daddy zum Höhepunkt gebracht, ganz alleine! Das war wirklich ganz große Klasse!"

Ja, das stimmte, sie hatte voller Verzweiflung so lange an dem Ding gerieben, bis Daddy ganz laut gegrunzt und dann gezuckt hatte und er mit dem dicksten Grinsen im Gesicht sie danach angestrahlt hatte. Es war ihre „Premiere" gewesen, wie er es stolz nannte, die Premiere, weil sie es von Anfang an bis zum Ende ohne seine Hilfe alleine geschafft hatte. Furchtbar müde war sie danach gewesen und war voller Erschöpfung augenblicklich eingeschlafen.

Sie hasste diese Abende, wenn Mutti aus dem Haus ging, denn das waren immerhin gute zwei bis drei Stunden, manchmal auch mehr, wenn sie danach noch mit ihren Freundinnen essen ging, in denen sie „sturmfreie Bude" hatten, zusammen Fußball schauten, Bier tranken, unendlich lange Gespräche führten oder nach „Herzenslust vögeln" konnten, wie es ihr Vater immer nannte.

Und hier hatte er ihr auch beigebracht, sich selbst vor seinen Augen anzufassen, wobei sie gar nicht genau wusste, was das sollte, aber gut, sie fasste sich halt an. Etwas unbeholfen, wie ihr Vater fand, aber das würde ja noch kommen und er war zufrieden, dass überhaupt schon mal etwas lief.

Einmal hatte er ihr ein langes Ding mitgebracht, das sie sich abwechselnd in den Po steckten, erst sie und als ihr das nicht gelang, hatte er lachend das Ding genommen, sich vor sie hingekniet und es sich in den Hintern geschoben. Ganz entsetzt hatte sie zugeschaut, wie das Ding fast vollständig verschwand und anschließend wieder hervorkam, zusammen mit einem Stück Kot, einem „Köttel", wie er noch lachend sagte, als er diesen vom Boden hob und neben das Bier auf den Glastisch legte. Und bei einem dieser Spiele hatte er dann auch wieder einmal die Masken von der Wand, wo sie zur Faschingszeit hingen, gehoben und erst sich und dann Carlotta eine aufgesetzt.

„Weißt du", hatte er ihr erklärt, während er genüsslich die Flasche zum Mund geführt hatte, „das Gute an der Maske ist, dass du hier ein paar Stunden einfach mal aus dir raus kannst, einfach mal etwas anderes sein, ohne dich immer gleich schlecht fühlen zu müssen."

„Aber ich will gar nicht jemand anderes sein!", hatte Carlotta noch entsetzt gesagt und ihn damit aber nur gereizt.

„Ach, das verstehst du doch gar nicht. Aber glaub mir, du wirst auch noch deinen Spaß daran finden, einfach mal als ein anderer die Sau rauslassen zu können!". Dann hatte er ihr befohlen, auf die Knie zu gehen und ihm ihr Gesäß zu präsentieren, während hinter ihr bereits diese komischen Geräusche zu hören waren und sie wusste, dass er heftig an sich rieb.

Nein, bitte nicht, hatte sie noch bei sich gedacht, als er auch schon an sie herangetreten war. Ängstlich drehte sie sich zu ihm um, um zu sehen, was er fühlte, ob er richtig böse war oder nur erregt und was er mit ihr vorhatte. Aber sie sah nur diese blöde, fies grinsende Maske. Angst, mehr noch als sie bereits spürte, stieg in ihr auf.

Und als hätte ihn diese Angst und Unsicherheit erst so richtig angefeuert, drang er plötzlich und ohne Vorwarnung in sie ein. Im letzten Moment hatte sie noch etwas ausweichen können, so dass es nicht ganz so wehtat. Dann hatte er sie irgendwann auf den Rücken gedreht, das, was sie am allermeisten hasste, weil sie sich dann gefühlsmäßig überhaupt nicht vor ihm schützen konnte, hatte ihre Beine zu sich hochgezogen und weiter gemacht, während sie fassungslos in die lächelnde Maske gestarrt hatte, als wäre dies alles hier nicht real, sondern nur ein Film, aus dem sie irgendwann aufwachen würde.

Aber das wusste sie ja schon aus Erfahrung, dass diese Filme nie aufhörten und es das Beste war, man würde es einfach ertragen und anschließend versuchen, wieder irgendwie am Leben teil zu nehmen, so schwer es einem auch fallen würde.

Einzelne Schweißtropfen waren am Inneren der Maske heruntergelaufen und hingen jetzt an dem unteren Rand, genau über Carlottas Gesicht.

„Wann würden sie runter tropfen?", fragte sie sich und überlegte, wie sie ihnen würde ausweichen können.

Man muss sich nur beschäftigen, das war einer ihrer Tricks, um das alles zu überstehen, denn irgendwann hältst du den Schmerz und die Gefühle nicht mehr anders aus und schaltest ab oder konzentrierst dich eben auf etwas anderes. So konnte sie die Bilder und Fotos im Wohnzimmer auf das kleinste Detail beschreiben, wusste genauso, von wo nach wo ein Riss in der Wand verlief und wo eine Spinne ihr neuestes Netz aufgespannt hatte. Denn bis der Alte fertig war, verging einige Zeit.

Immer gelang es ihr nicht, sich auf etwas anderes zu konzentrieren, nämlich immer dann nicht, wenn er von ihr wollte, dass sie mitmachte. Dann hatte sie ihn gefälligst anzusehen und zu stöhnen und seine Leidenschaft zu teilen, denn er wollte ja schließlich nicht „irgendein totes Huhn bumsen!"

Es war also wieder einmal Maskenzeit, dachte sie noch bei sich und betrachtete die scheußlichen Dinger in ihrem Karton. Am liebsten hätte sie sie auf den Boden gepfeffert, auf dass sie in tausend Splittern zerbrechen würden.

„Du, Mutti…"

„Ja?"

„Müssen wir denn diese Dinger aufhängen?"

„Die Masken meinst du? Aber ja, es ist doch Faschingszeit! Gefallen sie dir nicht?"

Carlotta druckste ein wenig herum.

„Du hast Recht, der Moritz ist ja ganz schön, aber der Max, der ist ja im Grunde genommen noch gar nicht fertig! Siehst du, hier", und sie hob die zweite Maske, die noch roh und unbemalt war, hoch, „mir fehlte im Kurs damals die Zeit, aber wenn du willst, kannst du sie jetzt bemalen!"

Carlotta gab sich geschlagen und nickte. Sie verspürte alle Unlust dieser Welt, das blöde Ding anzumalen.

„Komm, hol deine Malsachen runter, dann kannst du gleich anfangen!"

Widerwillig erhob sich Carlotta, um ihre Stifte zu holen. Sie spürte nur Wut und Hass und stampfte die Stufen hoch, dass das ganze Haus bebte. Wütend griff sie nach den Stiften und schmiss sie gegen die Wand. Ich hasse dich, ich hasse euch alle, euch alle! Schrie sie innerlich voller Zorn und Verzweiflung und sammelte die Stifte wieder ein. Sämtliche Minen ihrer zum Teil neuen Stifte waren gebrochen und mit dem kleinen Anspitzer drehte sie Berge von Spitzröllchen. Soll die blöde Kuh mir doch neue kaufen, dachte sie wütend und war zugleich traurig, war doch ausgerechnet ihre Lieblingsfarbe kaputtgegangen und die war etwas Besonderes und gab es nur in einem ganz bestimmten Laden.

Plötzlich begann sie zu weinen, legte ihren Kopf auf ihre kleinen Unterarme und weinte hemmungslos voller Verzweiflung, Ausweglosigkeit und Schmerz. Wüten durfte sie ja nicht, das mochte Mutti nicht und es gab immer einen Haufen Ärger und die Stifte waren zu dick, um sie zu zerbrechen, das hatte sie schon versucht, aber das ging nur mit den Bleistiften. So konnte sie nur noch verzweifeln und aus Verzweiflung weinen.

Sie spürte, wie ihr Gesicht immer dicker wurde und anschwoll und am liebsten hätte sie geschrien und gebrüllt und alles um sich herum zertreten, einfach so, damit es vorbei sein würde, endlich vorbei! Und als aller erstes würde sie diesen ekelhaften Lurch ihres Vaters zerkloppen und abschneiden!

Sie biss sich in die Hände, so, wie sie es immer tat, wenn sie gar nicht mehr weiterwusste und kein Kissen in der Nähe war. „Hier, beiß dich selbst!", hatte ihr ihr Vater einmal gesagt, als sie ihn einmal voller Wut und Hass fast blutig gebissen hatte. „Du räudige Hündin, beiß dich selbst!"

Er hatte sie gezwungen, sich selbst zu beißen anstatt ihn, was sie auch irgendwann getan hatte und das mit so viel Wut und Hass, dass sie Angst vor sich selbst bekommen hatte.

„Ich hasse dich!", hatte sie geschrien und begonnen, ihn zu treten und zu schlagen und weil er sie als der Stärkere auf Abstand hatte halten können, hatte sie angefangen, sich selbst zu schlagen, ihr Gesicht, auf ihren Körper, hatte sich an den Haaren gerissen und die Arme zerkratzt. Und das Gleiche tat sie auch jetzt. Sie riss sich an den Haaren und biss und kratzte ihre Arme und das Gesicht, das so spannte, weil es ob all der gestauten Gefühle kurz vorm Bersten war und verkrampfte ihre Beine. „Ich hasse dich, ich hasse dich, ich hasse dich!", murmelte sie noch und biss immer fester zu.

„Carlottchen, wo bleibst du denn?", rief ihre Mutter von unten hoch.

Carlotta zuckte zusammen. Mutti durfte sie so nicht sehen, das würde furchtbaren Ärger geben, denn Mutter mochte es nicht, wenn Carlotta so „zügellos" war.

„Ich komme gleich!", rief sie mühsam zu ihr herunter, ordnete sich die Haare und zog den Pullover über ihre zerbissenen und zerkratzten Hände. Schnell klaubte sie die restlichen Stifte vom Boden und ging die Treppe herunter.

„Du hast ja geweint!", entfuhr es ihrer Mutter sichtlich erschrocken. „Meine Güte, man kann dich ja auch keine zwei Minuten alleine lassen!", fügte sie noch mit vorwurfsvollem Ton hinzu und Carlotta konnte plötzlich ihre Tränen nicht mehr zurückhalten und weinte bitterlich. Sie konnte gar nicht wieder aufhören und vergrub ihren Kopf schutzsuchend in ihrem Pullover.

„Bitte, hab mich doch lieb, bitte, bitte!", flehte sie innerlich. „Bitte, so höre mich doch jemand! Bitte, Mutti, sei doch für mich da!"

„Du meine Güte, Kind, was ist denn mit dir? Hier, nimm erst mal ein Taschentuch!"

Carlottas Blick fiel auf die Stifte. „Die Stifte sind zerbrochen, sie haben alle eine Bruchmine!"

„Nein, die waren doch ganz neu!"

„Ja, ich weiß!"

„Aber wie kann das denn sein? Hast du wieder deinen Ranzen hingeschmissen?"

„Nein, ich weiß auch nicht…" Carlotta schluchzte noch immer.

„Dann haben die Jungs in deiner Klasse wieder mit ihm Fußball gespielt? Das darf doch nicht wahr sein, ich werde gleich morgen mit deiner Lehrerin sprechen! So und jetzt trocknen wir mal deine Tränchen. Hier, da hast du noch ein Taschentuch, schnäuz dich erst mal und dann wollen wir zusammen die Masken bemalen!"

Auch das noch!

Nach den Tränen fühlte sich Carlotta ein klein wenig besser und der Druck hatte etwas nachgelassen. Und so gaben sie zusammen den Masken des Todes, wie sie Carlotta nur noch für sich nannte, ein Gesicht. Carlotta wollte es ganz schwarzmalen, schwarz wie der Tod, aber ihre Mutter schlug vor, ihr doch ein freundliches Gesicht zu geben.

„Warum bist du nur immer so dunkel in dir?", fragte sie Carlotta.

„Warum nur, du blöde Kuh!", dachte Carlotta plötzlich grimmig und senkte schnell den Kopf, damit ihre Mutter ihr nicht in die Augen schauen konnte.

„Du machst einem ja Angst mit dieser Art".

Dabei fiel ihr Blick auf Carlottas Handrücken, der ganz rot und geschwollen war. Carlotta schaute weiter zu Boden und hielt die Hand ganz still.

Auch ihre Mutter war für einen Moment ganz still als würde die Zeit einen Augenblick stillstehen, um sich dann zu räuspern und zu sagen: „Was hältst du davon, wenn wir den Masken ein rotes Herz auf die Wangen malen, das ist doch niedlich und hier drüben vielleicht noch eines, schließlich soll sie ja freundlich dreinblicken, nicht wahr?"

Hatte sie die geschwollene Hand nicht gesehen oder hatte sie sie nicht sehen wollen?

Carlotta war verdutzt. Das war schon oft passiert, dass Mutti etwas sah, dann kurz innehielt und danach so tat, als hätte sie es nicht gesehen. Einmal, da hatte sie sie abgeduscht und unten rum war alles ganz rot gewesen und einen dicken blauen Fleck hatte sie auch zwischen den Beinen gehabt und da hatte sie auch kurz innegehalten und danach über etwas anderes weitergeredet, so, als hätte sie nichts gesehen. Ein bisschen böse war sie noch gewesen und hatte gesagt, dass sie ja nun wirklich alt genug wäre, um sich selbst zu waschen, aber das war dann auch schon alles.

Komisch, dachte sich Carlotta noch und rieb sich die schmerzende Hand, komisch, da tut sie gerade so, als ob nichts wäre und weiß doch genau, was los ist. Eine tiefe Traurigkeit und Verlassenheit stiegen in ihr auf, die sie spüren ließen, wie einsam sie wirklich war auf dieser Welt, in der ihr Leid unsichtbar und für keinen außer sie selbst zu existieren schien.

„Mutti…", sie suchte mit ihren Augen nach ihrer Mutter, doch die vermied es, ihr in selbige zu schauen.

„Ja, mein Schatz?"

„Du Mutti…", ihre Mutter sah sie plötzlich an und zog die Augenbrauen hoch mit einem Blick, der nicht der ihre war.

„Ja, was ist denn?"

Carlotta wartete einen Moment.

„Ach nichts, nichts, ich, ich wollte eigentlich nur sagen, dass, also, ich meine…"

„Ja, du hast Recht, mein Kind, das mit den Stiften ist sehr traurig, da werde ich dir wohl neue besorgen müssen!"

„Ja, Mutti, bitte, das war doch meine Lieblingsfarbe, das schöne Weinrot!"

„Das ist schade, ich werde mal sehen, ob ich ihn reklamieren kann und vielleicht willst du jetzt die Lippen mit dem schönen Rot anmalen?"

„Das mache ich…." Gedankenverloren malte sie den Mund der Maske an, als auch schon die Tür ging und ihr Vater von der Arbeit nach Hause kam.

„Gemütlich ist es bei euch! Scheußliches Wetter draußen!" Er stampfte sich den Schnee und Matsch von den Stiefeln, während Carlotta weiter malte.

„Na, mit Max hat die Maske ja nun nicht mehr viel zu tun!", sagte er, als er zum Tisch getreten war.

„Nein, du hast Recht, Maximiliane vielleicht, wir haben sie zu einer Frau gemacht!", antwortete gut gelaunt ihre Mutter.

Carlotta schwieg, wie sie meistens schwieg, denn sie hatte den Leuten, die sich ihre Eltern nannten, nichts zu sagen, zumindest nichts, was diese hätten von ihr hören wollen.

Als ihre Mutter an diesem, wie an so vielen Abenden, das Haus verlassen hatte, kam, wie hätte es auch anders sein sollen, Maximiliane die Treppe herauf.

„Hu, hu, hu, hier kommt die böse Tante!", scherzte ihr Vater, der sich die Maske vor das Gesicht gehalten hatte. „Nimm du sie mal!" Er hielt Carlotta auffordernd die Maske hin. Sie tat, wie ihr geheißen und setzte sich die Maske auf.

„Das ist ja zum Totlachen!", sagte ihr Vater und schlug sich voller Freude auf die Beine, „pass auf, ich habe gerade eine geniale Idee! Warte, ich bin gleich wieder zurück!"

Eine geniale Idee, das konnte ja heiter werden.

„Guck mal, die habe ich neulich gekauft, eine Perücke, lange, schwarze Haare, hier, setz die mal auf, ist für Fasching. Und das hier", und zog ein seltsames Kostüm aus einer Tüte, „das ist ein Geheimnis, davon soll Mutti nichts wissen, zieh das mal an!"

Natürlich war das Netzkostüm etwas, um nicht zu sagen, deutlich zu groß. Aber es hatte diesen herrlichen Schlitz im Zwickel und bedeckte alles, außer das Wichtigste und er hatte es wer weiß wo, nur nicht in einem Laden für Faschingsartikel gekauft.

„Ich will nicht!", sagte Carlotta trotzig und spürte wieder diese unbändige Wut in sich. „Ich will nicht und ich hasse dich!"

„Aha, daher weht also der Wind!", antwortete ihr Vater, ein klein wenig enttäuscht und mit dieser besonderen Kälte in der Stimme. „Warum müsst ihr Weiber einem nur immer die Freude verderben?"

Und plötzlich, wie aus heiterem Himmel, schlug er zu und klatschte Carlotta mit der offenen Hand ins Gesicht. Platsch. Einfach so. Ihr Schädel brummte.

„Und? Nun zufrieden?", fragte er.

Carlotta blickte zu Boden, voller Wut und Hass und Schrecken zugleich.

„Und jetzt zick nicht rum, verdammt noch mal und zieh das hier an, ich hole derweil Muttis hohe Schuhe und wenn ich zurückkomme, will ich hier kein Gequake, sonst setzt es was. Hast du mich verstanden?"

Er hob Carlottas Kinn hoch und sah ihr in die verletzten Augen.

„Ob du verstanden hast?"

Sie wollte ihn anbrüllen, aber die Kälte und Härte in seinen Augen ließen sie verstummen und wandelten ihre Wut augenblicklich in Angst. Denn wenn er gewalttätig wurde, dann wurde es gefährlich für sie und nicht nur einmal hatte sie befürchtet, er würde sie im Wutrausch einfach umbringen, so stark hatte er zugeschlagen, immer wieder gegen ihren Kopf, bis ihr ganz schwindelig und sogar schwarz vor Augen geworden war.

„Ich werde alles Mutti sagen!", dachte sie trotzig und wusste doch, dass Mutti es nicht würde hören wollen und nicht hören würde, selbst wenn sie es ihr ins Ohr brüllen würde. Denn Mutti war taub und blind für das, was wirklich geschah und war nur für sie da, wenn sie sich ganz auf sie einließ und dazu ihr Leid und ihre Qual zurückließ und ausblendete, genauso, wie sie es ihr vorlebte.

So war sie also heute Abend Maximiliane, die beste Hure der Stadt, die allen Männern den Verstand raubte und die doch nur einer beglücken konnte, nämlich Moritz der Große mit dem Größten! Wie ihr Vater noch lachend ihr das Spiel erklärte.

„Herrlich diese Rollenspiele, was?", sagte er mehr zu sich selbst als zu Carlotta. „Da kannst du einfach mal alles leben, wonach dein Herz begehrt und die beste Nutte vögeln und die hat auch noch dazu so ein unheimlich enges Arschloch! Verzeih mir Kleines, aber das muss einfach mal raus! Du hast natürlich keinen Arsch, sondern ein Popöchen, das weiß ich doch, ein Schokopopöchen!"

Er lachte schallend über seinen eigenen Witz und küsste ihren Hintern. „Dein Popo, der macht mich so froh!"

Er strich sich selbstgefällig über die behaarte Brust, während er sich neben Carlotta hin und her wälzte.

„Komm schon, wie war ich? Geiler Stecher, was?" Dann seufzte er und wurde plötzlich ganz ruhig, als hätte Carlottas entsetztes Schweigen ihn angesteckt.

„Ach, mein kleines Püppchen", sagte er mit einem Mal ganz menschlich, „ich weiß ja auch nicht, warum ich das hier mache. Und im Grunde tut es mir auch leid, denn du kannst damit ja auch nicht wirklich was anfangen, hab ich Recht? Aber was soll ich machen, sag du es mir? Hm, du weißt es auch nicht, ich weiß, ich weiß... Weißt du, die Wahrheit ist, ich weiß auch nicht, was da in mich fährt, ich brauche es einfach und wenn dann alles vorbei ist, dann komme ich mir ja auch blöd vor, so ist das ja nicht, dass ich nur plemplem bin. Nein, nicht dass du das denkst..."

Aber Carlotta dachte gar nicht. Sie starrte einfach nur an die Decke und hörte weg, so, wie es Mutti oft bei Tisch machte, wenn er in endlosen Litaneien etwas von dem bösen Herrn Schmidt aus dem Büro erzählte und es bei ihr zum einem Ohr reinging und zum anderen ungehört wieder rauskam.

„Hörst du mir überhaupt zu?", fragte er sie plötzlich stutzig.

Carlotta nickte mit dem Kopf. „Ja."

„Ach so, ich dachte, du wärest schon eingeschlafen. Nun ja, ist ja auch egal, ich dachte halt nur, dass es dich vielleicht interessiert. Ich bin nicht pervers, weißt du, ich ficke halt gern und brauche etwas Abwechslung und außerdem liebe ich dich und möchte alles mit dir teilen und weiß auch nicht wirklich, was ich hier mache..."

Carlotta fühlte sich unendlich schwer und müde. Es war eine Müdigkeit, die so bleiern und schwer war, dass sie auch durch schlafen nicht weggehen würde. Sie fühlte sich unendlich erschöpft und wusste, dass der morgige Tag die reinste Hölle werden würde, denn immer, wenn sie sich so fühlte, fiel es ihr schwer, überhaupt wach und anwesend zu sein und hätte am liebsten einfach ins Leere gestarrt, als gäbe es weder diese Welt noch sie selbst in dieser.

Es kostete immer eine unendliche Kraft, da zu sein und einmal wäre sie fast mit ihrem Fahrrad in einen LKW gefahren, weil sie ihn nicht hatte kommen sehen und in der Schule ging sie mehrfach aufs Klo, weil sie im Unterricht sonst eingeschlafen und weggedämmert wäre.

Sie schloss die Augen. Am liebsten würde ich jetzt sterben, dachte sie noch, einfach so, weggehen und nie wieder etwas spüren müssen. Aber nein, sie wollte ja eigentlich noch leben, nur nicht jetzt und hier. Vielleicht sollte ich einen Unfall haben und ins Koma fallen und erst in zehn Jahren wieder aufwachen, so ein Wachkoma oder zumindest so tun, dann lassen sie dich zufrieden und du bist im Krankenhaus und musst mit niemanden reden und alle weinen an deinem Bett und sind nett zu dir. Ja, das wäre schon nicht schlecht, vor allen Dingen könnte sie schlafen, schlafen so viel sie wollte… und über diesen Wunsch schlief sie ein.

Wie schlecht muss es einem Kind gehen, dass es nicht mehr leben möchte? Und wie trist muss das Leben eines Erwachsenen sein, dass es seine einzige Freude ist, perverse Rollenspiele mit seiner kleinen Tochter zu spielen?

Beschissen, ganz entsetzlich beschissen, denn in Wahrheit sucht dieser Erwachsene nur einen Weg, den Irrsinn, den er einst als Kind in sich aufnahm, wieder los zu werden – sicherlich hier auf dem falschesten Weg. Denn wo konnte er sich besser ausheilen, auskotzen und von seinen Depressionen befreien als bei seiner jungen, noch emotional offenen Tochter?

Eine bessere, offenere und bereitwilligere „Therapeutin" als sie, bei der er all seinen Mist lassen konnte, gab es doch nicht auf Erden! Und obwohl er sich jedes Mal danach so entsetzlich schlecht fühlte ob dessen, was er ihr angetan hatte, fühlte er sich dennoch irgendwie leicht und wie befreit, wie als wäre ein kleines Stück der auf seinen Schultern sitzenden Last von ihm genommen worden.

Er blickte in den Badezimmerspiegel und ertrug seinen eigenen Blick nicht. Scheiße, dachte er, öffnete den Wasserhahn und wusch sich das Gesicht. Scheiße auch noch mal!

Und dann war es ihm, als ob er kurz davor wäre, verrückt zu werden, durchzudrehen an dem, was er in sich trug und dessen er nicht Herr wurde. Er erkannte sich plötzlich in einer unerträglichen Klarheit. Was sollte er nur tun? Woher die Kraft nehmen, gegen etwas anzukämpfen, was bereits den Sieg über ihn gewonnen hatte?

„Umbringen müsste ich mich", dachte er verzweifelt, „umbringen, damit auch „es" in mir stirbt und keinen weiteren Schaden anrichten kann."

Er musste plötzlich an den Film über die Aliens denken. Ja, so war es, er trug ein Alien in sich, das von Zeit zu Zeit durchbrach und seine Umgebung zerstörte und ihn dazu, der fremdgesteuert seiner kleinen Tochter alles das antat, was ihm einst selbst widerfahren war.

Erschreckend klar waren wieder die Bilder in seinem Inneren, er, der kleine Junge in dem Alter wie Carlotta heute…

Ein unerträglicher Schmerz durchfuhr ihn und ein Chaos an Gefühlen brach in ihm auf, dass er meinte, ohnmächtig zu werden.

„Ruhig Blut, altes Haus!", hörte er eine Stimme in sich. „Alles nur halb so wild. Und jetzt reiß dich gefälligst zusammen, hörst du?"

Er drehte sich um. Das war die Stimme seines Vaters, als ob er direkt hinter ihm stünde. „Reiß dich gefälligst zusammen. Mit einem Kollaps kommst du jetzt auch nicht weiter!"

Er hörte in sich hinein.

Vater war schon lange tot und doch lebte er irgendwie in ihm weiter. Er schloss die Augen. Alles drehte sich um ihn. Was sollte er nur tun? „Reiß dich zusammen, das Leben geht weiter. Die Welt dreht sich auch ohne dein Dazutun."

Und es ging weiter, auch für ihn. Morgen würde er diesen Termin mit seinem Chef haben. Er konnte es sich gar nicht leisten, hier und jetzt so abzustürzen!

„Karl, reiß dich gefälligst zusammen!", murmelte er, sich selbst zur Ordnung rufend.

Und wie schon in seiner Vergangenheit, so verfehlten auch jetzt diese Worte nicht ihr Ziel und er riss sich zusammen, so, wie er es von klein auf gelernt hatte.

Mehr Jahre als Finger an den Händen

Es war ein Tag wie jeder andere, ein Nachmittag, wie es noch viele von ihnen im Leben von Carlotta geben sollte. Tage, in denen sich die Leere so sehr in ihrem Herzen breitmachte, dass es schon schmerzte. Und das Vakuum, das man in ihrer Seele zurück gelassen hatte drohte, sie von innen aufzufressen.

Sie hatte begonnen, an ihren Fingernägeln herum zu kauen. Nicht, dass sie es gemocht hätte, es war vielmehr das Bedürfnis, irgendwie ihre Spannungen zu leben und gleichzeitig sich selbst zu spüren, wenn auch über den Schmerz. Denn nicht selten riss der Nagel tief ein und blutete, was furchtbar schmerzte und sie doch gleichzeitig auf sonderbare Weise mit Leben erfüllte, weil sie wenigstens etwas fühlte. Und sei es auch nur den Schmerz.

So ging sie an ihren Fingern herum beißend nervös durchs Haus und traf auf ihre Mutter, die in der Küche ein kleines Päckchen packte.

„Für wen ist das?", wollte Carlotta neugierig wissen, denn sie liebte alles, was mit Geschenken zu tun hatte.

„Das ist für deine Cousine, die Anita, die hat Geburtstag. Vielleicht willst du ihr auch etwas schicken, denn es ist ein ganz besonderer Geburtstag, sie wird nämlich achtzehn Jahre alt."

Warum dieser Geburtstag nun ausgerechnet so besonders wäre, wollte Carlotta wissen und wenn sie etwas wissen wollte, dann war ihre Neugierde kaum zu stillen.

„Weil man dann offiziell erwachsen ist und die Verantwortung für sein Leben übernimmt."
Nachdem ihre Mutter ihr das Geheimnis des achtzehnten Geburtstags erklärt hatte, fasste sie zusammen: „Das heißt also, Anita kann ab jetzt ganz alleine bestimmen?"

„Ja, so in etwa."

„Hm", machte Carlotta und dachte angestrengt nach. „Und wann bin ich achtzehn?"

„Das ist noch ein paar Jahre hin, mein Kleines, du bist doch gerade erst fünf geworden."

Fünf, das wusste Carlotta bereits, fünf waren die Finger an einer Hand und sie war ganz stolz, schon bis zehn, also die Finger beider Hände, zählen zu können und sogar ein bisschen darüber hinaus.

„Aber wie lange wird es dauern? Wie viele Geburtstage sind es noch?" Irgendetwas Beängstigendes lag in dieser mysteriösen Zahl achtzehn.

„Das sind noch, lass mich rechnen, noch dreizehn Geburtstage, dann bist du achtzehn."

„Dreizehn…", murmelte Carlotta leise und zählte an ihren Fingern ab, „dreizehn, das sind ja mehr Jahre als ich Finger an beiden Händen habe!"

Entsetzt hob sie beide Hände hoch um ihrer Mutter zu zeigen, dass es tatsächlich mehr als die zehn Finger waren.

„Ja, natürlich", antwortete diese nur trocken und schüttelte den Kopf.

Für Carlotta war es jedoch wie ein Schlag, der sie hart und grausam getroffen hatte. Ein Schlag der Realität in ihre empfindliche, leidende und gleichzeitig hoffende Seele. Dreizehn Jahre, wo sie doch erst fünf Jahre alt war! Wie lange würde das noch dauern? Und was würde in dieser Zeit alles passieren? Würde sie bis dahin durchhalten können?

Immer wieder zählte sie an ihren Fingern ab, als hoffte sie, dass sich dadurch die Jahre verkürzen würden.

Doch plötzlich durchschoss sie ein Gedanke, schnell drehte sie sich um und lief zu ihrer Mutter zurück. „Und was ist, wenn ich schon früher für mich bestimmen möchte?"

„Das geht nicht, bis zum achtzehnten Geburtstag tragen die Eltern die Verantwortung für ihre Kinder und bis dahin bleibst du bei uns."

„Aber was ist, wenn ich doch schon früher gehen möchte?"

„Das geht nicht."

„Und wenn ich einfach meine Sachen packe und weglaufe?", fragte sie trotzig und herausfordernd ihre Mutter.

„Dann fängt dich die Polizei ein und du kommst in ein Kinderheim", antwortete ihre Mutter ganz ruhig, als wäre es das Einfachste und Natürlichste der Welt.

Ein Kinderheim? Da, wo die vielen kleinen Kinder lebten mit der schwarzen Haut und den dunklen, funkelnden Augen ganz weit weg von hier? Sie überlegte. Und hatte man ihr nicht gesagt, dass die Kinder furchtbaren Hunger hätten und Carlotta deshalb immer ihren Teller leer essen müsse? Dann doch lieber ausharren, bis sie achtzehn war.

Und wieder begann sie, an ihren Fingern abzuzählen, wie lange sie das Martyrium in dem Haus ihrer Eltern noch würde ertragen müssen. Tiefe Verzweiflung machte sich in ihr breit, als ihr deutlicher denn je klar wurde, dass es noch lange sein würde, viel länger noch als das, was sie bereits hinter sich hatte. Sie ging zum Fenster und zog die Gardine zurück, als wolle sie einen Blick in ihre Zukunft werfen. Doch alles, was sie das Schicksal sehen ließ, war ein wolkenverhangener Tag und nieselnder Regen, der alles in ein schmutziges, unangenehmes Grau hüllte.

Es war, als würde sich in diesem Moment etwas in ihr verschließen ob dessen, was noch vor ihr lag und von dem sie ahnte, dass es nicht besser werden würde. Lange Zeit nicht. Bis sie achtzehn sein würde. Irgendwann in ferner Zukunft. Erst dann wäre sie frei, erst dann könnte sie ihren kleinen Rucksack nehmen und fortgehen.

Traurig ging sie zu ihrem Bett, holte den kleinen, blauen Stoffrucksack unter diesem hervor, der dort immer stand für den Fall, dass sie es nicht mehr aushielt und eiligst flüchten müsse. Sie begann, den Inhalt des Rucksacks Stück für Stück auszupacken. Langsam löste sie die Kordel, zog die Verschnürung auseinander, griff hinein und holte eine Thunfischdose heraus, die sie einmal heimlich aus der Küche geholt hatte, eine kleine Flasche Wasser, Kleidung zum Wechseln für ihre Puppe Annika und die kleine Schatztruhe. Es war, als würde sie sich in diesem Augenblick in ihr Schicksal fügen, als spürte sie, dass es kein Entrinnen gab vor dem, was in der Dunkelheit wie ein lauerndes Monster dalag und wartete, sich auf sie zu stürzen und sie zerfleischen zu können.

Die Hoffnung stirbt zuletzt, sagen die schlauen Köpfe und die, die es meinen zu wissen. Aber es gibt Momente, da stirbt die Hoffnung noch vor unserer Seele. Genau dann nämlich, wenn sie in so weite Ferne rückt, dass wir sie nicht mehr greifen, nicht mehr halten, sie uns nicht mehr vorstellen und auch nicht mehr an beiden Fingern abzählen können. Das sind die Momente, in denen sich unser Innerstes verdunkelt ob der Ohnmacht, die wir spüren, wenn wir dem Schicksal ins Auge sehen und erkennen müssen, dass es stärker scheint als wir und seinen Tribut fordert, den wir leisten müssen, weil uns in diesem Moment gar keine andere Möglichkeit bleibt.

Wohl dem, der in diesem Moment ganz tief in sich, so tief, dass es oft fast nicht mehr zu erkennen ist, irgendwo ein Stück Gewissheit spürt. Der ahnt, dass es nur eine Prüfung ist und wir irgendwann, wenn das Leben uns nur lange genug geprüft hat, entlassen werden und frei sind, ein neues Leben in unserem alten zu beginnen.

Und wohl dem, der auf dem Weg dorthin diese Gewissheit in sich bewahren kann und nicht verliert. Andernfalls steht er sonst, einmal in die Freiheit entlassen, vor den Toren seines Seelengefängnisses und hat Angst vor der Freiheit und dem Unbekannten, was vor ihm liegt. Er wird es vorziehen, zurück in die ihn gefangenhaltenden, aber doch schützenden Mauern zu flüchten.

Und hoffen wir, dass unsere kleine Carlotta die innere Stärke besitzt, sich stets auf diese Gewissheit in sich zu verlassen und durchzuhalten, ohne aufzugeben, ohne zu resignieren, ohne die Verbindung zu diesem tiefen Gefühl der Gerechtigkeit und Weisheit des Lebens zu verlieren. Ansonsten würde in ihr nicht nur die Hoffnung, sondern auch ihre Seele sterben. Sie würde so zur Marionette des an ihr verbrochenen Übels werden, das sie nun im Sinne ihrer Peiniger fortsetzen würde, ohne sich darüber im Klaren zu sein, was es ist, was sie agieren und handeln lässt.

Hoffen wir, dass sie die Kraft finden wird, all die Jahre, die vielen, vielen Jahre, die noch vor ihr liegen und die nicht besser werden sollten, durchzuhalten. Dass das Leben sie über seine versteckten Botschaften immer wieder daran erinnert, dass es nur eine Qual auf Zeit ist, eine, die sie irgendwann würde durchbrechen können. Und zwar genau in dem Moment, in dem es an der Zeit sein würde, ihr Leben selbst in die Hand zu nehmen und es dorthin zu lenken, wohin es ihr tiefstes Inneres treibt.

Und hoffen wir auch, dass sie dann noch sensibel und feinfühlig genug ist zu erkennen, wenn sich die stählernen Tore ihres Seelengefängnisses öffnen, um hinaus zu treten in das gleißende Licht der Freiheit und sie bis dahin nicht den Mut verloren hat, sich ihre Welt zu erobern, zurück zu erobern und so zu leben, wie es unser aller Grundrecht ist.

Die Beziehung zu unserem inneren Kind

„Wie baut man nun die Beziehung zu seinem inneren Kind auf?", fragt sich so manch einer, der dabei ist, Klarheit in seine Vergangenheit und Kindheit zu bringen.

Und was ist eigentlich dieses „innere Kind", von dem so viel gesprochen wird?

Das innere Kind zeigt sich, unter anderem, durch unsere Gefühle. Besonders all jene Gefühle, die uns als Kinder ausmachten. Die Freude am Leben, der spontane Selbstausdruck, das genaue Wissen, was wir möchten und wollen. Aber auch unser intuitives Wissen, das uns als Kindern bekanntlich noch viel leichter liegt als uns Erwachsenen.

Gerade wenn wir als Kinder verletzt wurden oder gar traumatische Erfahrungen erleben mussten, sind wir geneigt, diesen Teil in uns abzuspalten und wegzudrücken. Weil er unangenehm ist und uns Gefühle wie Hilflosigkeit, Angst, Verzweiflung, Traurigkeit, Einsamkeit etc. fühlen lässt. All das empfinden wir eher hinderlich auf unserem Weg und packen diese Last folglich in die dunkle Kiste unseres Unterbewusstseins. Damit spalten wir sie ab, weit weg aus unserem Sichtfeld.

Diese innere Abspaltung erfolgt meist nach einem traumatischen Erlebnis. Durch den Schockmoment werden sämtliche Gefühle zunächst einmal weggedrückt, um überhaupt noch weiter existieren zu können. Jeder kennt Beispiele von Menschen, die nach einem schweren Autounfall mit gebrochenem Arm oder Platzwunde am Kopf wie mechanisch funktionieren und sich sogar wieder hinter das Steuer setzen, um weiter zu fahren. Die Verbindung zu ihren Gefühlen – sowohl emotional als auch körperlich (der Schmerz) ist weitgehend unterbrochen.

Ähnliches passiert bei sexuellem Missbrauch und körperlichem Übergriff: Der Schock sitzt so tief in der Psyche des Kindes, dass es, um überhaupt weiter existieren zu können, alle Gefühle abstellt und von sich abspaltet. Nicht bewusst, sondern automatisch als eine Art Schutzfunktion.

Ein gutes Beispiel in diesem Zusammenhang ist das einer Strom-Sicherung, die bekannter Weise herausfliegt, wenn das

System überbeansprucht wird. Die Stromzufuhr wird unterbrochen. Das gleiche geschieht in der Psyche, die, um den Menschen zu schützen, auch erst einmal „abschaltet", damit der Mensch überhaupt noch physisch weiterleben und funktionieren kann.

Diese innere „Sicherung" bleibt dann oft auf „Aus" und „Notstrom", bis wir als Erwachsene uns irgendwann aufmachen, sie wieder einzuschalten, um Zugang zu unserem inneren Kind, unseren abgeschnittenen Gefühlen zu bekommen.

Wenn also nun die Beziehung zu unseren Gefühlen, unserem inneren Kind, gestört ist, verhält es sich bei ihrem Wiederaufbau ähnlich wie bei der Beziehung zu einem anderen Menschen. Wir beginnen den neuen Kontakt mit einer simplen und dennoch so wichtigen Frage:
Wie geht es dir?
Ganz ehrlich: wie fühlst du dich?

An dieser Stelle erhalten viele ein tiefes Schweigen als Antwort. Sie schauen in eine Leere, wenn sie nach innen schauen. Sie sehen rein gar nichts. Fühlen hinein in einen Raum aus Watte.

Warum ist das so?

Weil wir es oft verlernt haben, offen und sensibel für unsere Gefühle zu sein, sie überhaupt wahr zu nehmen, d.h. als „wahr" anzunehmen.
Fühlen wir uns ohnmächtig oder überfordert, schaltet sich meist der Kopf ein, der alle Emotionen schnell wegrationalisiert. Warum sollte ich Angst haben?? Ist doch Quatsch! Und schon werden die aufkommenden Gefühle wieder in die Abstellkammer des Unbewussten verfrachtet.

Wenn wir uns also selbst die Frage stellen: „Wie geht es mir? Wie geht es dem Teil in mir, den ich von mir abgetrennt habe, wie geht es meinem inneren Kind?", so erhalten wir als Antwort oft erstmal ein Schweigen. Während der Kopf mit aller Macht und in aller Eile versucht, schon einmal eine perfekte Antwort auf alle eventuell aufbrechenden Gefühle zu finden.

An dieser Stelle ist dann oft Geduld gefragt. Und man ist eingeladen, immer wieder zu der Frage zurück zu kehren: „Wie geht es dir? Was fühlst du?"

Und früher oder später bekommt man eine Antwort und kann plötzlich tiefer sehen, tiefer spüren und nimmt das wahr, worüber man vorher einfach hinweggesehen und hinweggehört hat.

Hier wird man nun oft mit einem weiteren Problem konfrontiert: Wie soll man mit diesen Gefühlen umgehen? Wie reagieren?

Wir meinen, sofort eine Antwort und Lösung finden zu müssen für dieses „Problem". So sind wir nun einmal gestrickt. Deshalb fällt es vielen von uns auch schwer, einem Trauernden Beistand zu leisten, einfach deshalb, weil für sein Problem nicht schnell eine Lösung zu finden ist. Das macht es so unerträglich. Diese Traurigkeit auszuhalten, die Verzweiflung mitzutragen, die scheinbare Aussichtslosigkeit zu fühlen… Und wenn dies schon schwer zu ertragen ist bei einem anderen Menschen, so ist es noch viel schwieriger bei einem selbst. Denn schließlich kann man dem anderen früher oder später auch wieder den Rücken zukehren, sich selbst aber nur bedingt.

Es ist nun aber gerade der Wunsch unseres inneren Kindes, dass wir seine Gefühlslast mit ihm teilen, mittragen. Mitaushalten. Und somit erlösen und auflösen.

Genau hierin liegt nun der Schlüssel: Wir brauchen bei diesem ersten Schritt „lediglich" zuhören, emotional offen, so unerträglich und schmerzhaft es auch sein mag. Darin liegt schon die Magie, dies ist der Durchbruch zu den verloren gegangenen Gefühlen. Und gleichzeitig ist es einer der schwierigsten Prozesse überhaupt. Denn nicht ohne Grund verdrängte man ja einst all diese Gefühle: Weil sie so unerträglich waren.

Denken wir hierzu an eine Situation, in der wir ganz besonders traurig oder verzweifelt waren. Gut. Können Sie sich noch erinnern, was Sie in dieser Situation am meisten brauchten? Sich wünschten?

Was auch immer es war, die meisten wünschen sich in solchen Momenten interessanter Weise keine Lösung, sondern jemand, der (emotional offen) bei ihnen ist. Einfach nur da ist. Sie gefühlsmäßig begleitet. Sie sieht.

Kennen Sie dieses Gefühl? Dass alles leichter wird, nur weil ein anderer Mensch plötzlich da ist, mitfühlt (nicht mitleidet) und man nicht mehr alleine ist?

Und genau das ist es, was sich unser inneres Kind von uns wünscht. Das ist es, was den Durchbruch bringt. Und das ist es, was unser Leben leichter macht, den inneren Druck nimmt. Und oft sogar Krankheitssymptome (sofern sie psychosomatisch bedingt sind) verschwinden lässt: Das Anerkennen der Gefühle, die sich ansonsten nur über Umwegen, z.B. auch dem körperlichen Schmerz, Verhör verschaffen konnten.

„Wie geht es dir? Wie fühlst du dich?", ist also der erste Schritt und magische Satz, mit dem wir wieder auf unsere Gefühle, auf unser inneres Kind zugehen.

Der zweite Schritt wäre der: Bewusst wahrzunehmen, was wir fühlen. Offen zu sein für das, was da kommen mag. Es tragen und ertragen zu können. Es anzunehmen.

Manchmal hilft es dann, diese Gefühle aufzuschreiben oder aber sie auszusprechen und sie einem selbst gewissermaßen zurück zu reflektieren, indem man z.B. sagt: „Ich sehe, dass du traurig bist. Ich sehe, dass du verzweifelt bist. Und ich nehme diese Gefühle an, obwohl ich sie vielleicht nicht verstehe, nicht weiß, wo sie herkommen und vieles nicht nachvollziehen kann."

In einer Beziehung und Freundschaft, in der lange Zeit Funkstille herrschte, würde man sich ähnlich aneinander herantasten. Fragen, wie es dem anderen geht. Offen sein. Nicht gleich alles verstehen müssen. Da sein.

Solch eine Übung dauert ein paar Minuten, wenn überhaupt. Wenn man sich aufrafft, diese mehrfach täglich, vielleicht morgens und abends, einmal durchzuführen, wird man schon nach kürzester Zeit eine Veränderung merken. Diese Veränderung zeigt sich in dem Gefühl von mehr Nähe zu sich selbst, mehr

Verständnis, mehr Offenheit. Man hat das Gefühl, an sich selbst näher heran zu rücken. Und interessanter Weise spürt man nicht nur traurige oder verzweifelte Gefühle oder was immer an Negativität da sein und in einem hoch kommen mag, sondern gleichzeitig auch das Gefühl tiefer Liebe zu sich selbst.

Dieses tiefe Gefühl von Liebe ist das Grundgefühl unseres inneren Kindes, ebenso wie seine Lebensfreude. Und es ist das Geschenk für unsere neue Offenheit und das Interesse an uns selbst, unserem inneren Kind. Ein tiefes Gefühl von Wert und Zuneigung zu dem Menschen, der wir wirklich sind. Der alles verdient, einfach deshalb, weil er da ist. Dem wir das Beste wünschen und geben und für den wir bereit sind, bis ans Ende der Welt zu gehen, weil wir ihn so unendlich lieben.

Der Möbelhauskatalog

Alle halbe Jahr brachte die Post etwas ganz Besonderes ins Haus, etwas, das mehr Träume beinhaltete, als so manches Kinderparadies oder irgendein Freizeitpark. Obwohl es nur bunt bedruckte Seiten eines Kataloges waren, so wurden sie doch in Carlottas Phantasie lebendig, nahmen Gestalt an und öffneten ihr die Türen zu einer Welt, die süßer, schöner und friedvoller nicht hätte sein können. Es war der Katalog einer großen Möbelhauskette, der zweimal jährlich ins Haus flatterte und mit ihm eine bunte Welt voller Träume, die leider immer das blieben, was sie waren: Träume und Phantasiegebilde einer Welt und eines Lebens, dass es so in der Realität nicht gab – zumindest nicht für Carlotta.

Carlotta liebte diese Kataloge über alles, die nach frisch bedrucktem Papier und Sauberkeit rochen und die auf anschaulichste Weise zeigten, wie schön das Leben in einem gemütlich eingerichteten Heim sein konnte. Da gab es die verschiedensten Küchen, kleine Küchen, große Küchen, elegante und gemütliche, solche mit einer Ecksitzbank, einem großen Eichentisch und solche mit weißen Möbeln und blitzendem Edelstahl. Jede Küche erzählte für Carlotta eine Geschichte, die Geschichte von einem möglichen Leben in dieser schönen Welt. Eigentlich mochte sie alle Küchen, denn jede von ihnen hatte etwas Besonderes und Schönes. Wieder und wieder blätterte sie die vielen Seiten durch und konnte sich nicht entscheiden, welche sie nun nehmen würde, wenn sie sich denn eine aussuchen dürfte.

Wie, so fragte sie sich, würde es sein, in solch einer Küche zu sitzen und zu essen? Wie würde das Essen schmecken und würde man liebevoll miteinander umgehen und lustig beisammensitzen? Oder würde man schweigen oder streiten, wie es so oft in ihrer Familie bei Tisch tatsächlich geschah?

Auch liebte sie die Bilder der Bäder, die so sauber und weiß daher kamen mit ihren ordentlich aufgehängten Handtüchern, bunten Duschvorhängen, Spiegeln und Ablagen. Wie schön musste es wohl sein, sich hier duschen und umziehen zu können, dachte sie versonnen. Wie schön müsste es sein, sich hier bewegen zu können, ohne Angst, dass jemand einfach reinkäme, um neben der Badewanne im Stehen zu pinkeln und es zu genießen, wie sie beschämt den Blick senkte ob des riesigen Geschlechtsteils, das dort vor ihr ausgefahren wurde?

Wie schön müsste es sein, in der großen Badewanne zu baden mit den duftenden Badezusätzen, ohne immer aufzuhorchen, ob sich schleichende Schritte dem Bad näherten, um ihre Ruhe zu stören und gierige Blicke auf ihren entblößten Körper zu werfen?

Sie seufzte leise, während sie Seite für Seite den dicken Katalog durchblätterte. Da kamen die Kinderzimmer mit den Hochbetten, die sie so liebte, weil man sich so schön auf ihnen verstecken konnte und die Himmelbetten mit ihren weichen Stoffen, die das Bett in ein Prinzessinnenschlafgemach verwandelten. Wie schön und kuschelig müsste man hier schlafen können, dachte sie wehmütig, zwischen den ganzen Kissen und weichen Decken. In Frieden schlummern, ohne dass das Grauen einen beschleicht und über einen herfällt, um einem den Schlaf und das Leben zu rauben!

Wie schön müsste es sein, beim Schein der bunten Nachttischlampe und Schlaflichter einzudösen und am nächsten Morgen aufzustehen, die bedruckten Gardinen bei Seite zu ziehen und den Tag zu begrüßen. Dann die Kleidung aus einem der Schränke nehmen, sich im dem sauberen Bad zu waschen und anzuziehen, in einer dieser Küchen zu gehen, um zu frühstücken und all die Lieben zu sehen, die zu der Familie gehörten und ihnen einen guten Morgen zu wünschen!

Wie schön wäre es doch, so ein Leben zu haben, ein ganz normales Leben, in dem man ohne Angst einschläft und morgens erholt und frisch aufwacht. Ohne den Schmerz einer gewaltvollen Nacht im und am ganzen Körper zu spüren und den Gestank von Schweiß, Sperma und Urin und oft sogar Kot an sich riechen zu müssen. Wie schön wäre es doch, das kühle Wasser zu spüren und das eigene Gesicht im Spiegel zu betrachten, ohne in die verschreckten Augen und in das blasse, gequälte Antlitz seiner selbst blicken zu müssen, das einen zusammenfahren und erschrocken den Blick abwenden und die inneren Augen verschließen lässt.

Und wie schön wäre es, frühstücken zu können, ohne Ekel und Abneigung gegen das Essen zu spüren und gegen das unerträgliche Gefühl der Übelkeit ankämpfen zu müssen, das jeder Bissen beim Schlucken auslöst und Erinnerungen an zähen, braunen Kot oder glibberigem Sperma wachruft, das man zu schlucken gezwungen worden war. Wie schön wäre es doch, einen Bissen genießen zu können und zu spüren, wie das Essen allen Sinnen und dem Körper guttut. Nahrung mit Appetit und Genuss aufzunehmen, anstatt mit jedem Löffel und mit jedem Happen kämpfen zu müssen, wohl wissend, dass man essen muss um zu leben, obwohl man lieber erbrechen möchte, um alles Aufgenommene und die Ekel erregenden Gefühle gleich mit dazu loszuwerden.

Und wie schön wäre es, die Jacke vom Kleiderständer und die Schuhe vom Bord zu nehmen und sie anzuziehen. Wie schön wäre es, voller Kraft und Freude in die Schule zu fahren, statt sich bereits morgens mehr tot als lebendig zu fühlen, schon ausgelaugt und zerschlagen, bevor der Tag und das Leben beginnen. Und wie schön wäre es, über die Fußmatte mit dem „Willkommen" Schriftzug zu gehen und zu wissen, dass man hier in diesem Haus wirklich willkommen ist und dass dieses Haus und Heim ein wahres Zuhause wäre, in dem man sich sicher, geborgen, geschützt und behütet fühlen könnte und nicht der schlimmste Ort der Welt, an dem Angst und Schrecken herrscht und die Kindheit ihren viel zu frühen Tod erfahren muss.

Wie schön wäre es doch! Carlotta seufzte. Ja, es wäre so schön, so ein Leben wie im Katalog, ein Leben wie im Traum!

Doch Träume sind Schäume! Das hatte man ihr schon früh erklärt und sie hatte begriffen, dass Traum und Wirklichkeit zwei verschiedene Paar Schuhe waren und dass das eine mit dem anderen herzlich wenig zu tun hatte.

Manchmal, so scheint es, da finden wir das, was unsere Realität sein sollte, nicht in der Wirklichkeit unseres eigenen Lebens, sondern nur noch in den bunten Bildern einer unwirklichen Schein-Welt der Kataloge. Kataloge, die uns zeigen, was sein könnte, wenn nur alle bereit wären, ihren Anteil dazu beizutragen, dass aus dem Traum vom Leben Wirklichkeit werden kann.

Denn wie viele von uns leben in einer perfekt eingerichteten Welt?

Auch Carlotta lebte in einer solch „perfekt eingerichteten" Welt. Doch es war eine, die nicht hielt, was sie augenscheinlich versprach! Eine Welt, in der die Akteure auf dieser Bühne des Lebens ihre Rollen so schlecht spielen, dass das ganze Theater aus den Fugen gerät.

Da ist ein Vater, der diesen Namen nicht verdient, weil er genau das Gegenteil von dem tut, was die Aufgabe eines Vaters wäre. Und da ist eine Mutter, die, anstatt ihr Kind zu schützen, ihre Augen verschließt und damit ihre eigene Tochter ans Messer liefert. Und dort ist ein Kind, das kein Kind sein darf, weil man die Grundlage für sein Leben zerstört hat. Stattdessen schickt man dieses Kind in den Kampf zwischen Leben und Sterben, zwischen Wahnsinn und Sein, zwischen Untergang und Vergessen.

Denn manchmal, so scheint es, können wir nur vergessen. Was uns bleibt sind die Träume, an denen wir uns festhalten. Träume von dem, was eigentlich unser Leben hätte sein sollen und von dem wir uns so weit entfernen mussten, dass es uns heute als ein weit entfernter, nie erreichbarer Traum erscheint.

Und so blättern viele Verzweifelte hoffnungsvoll durch die Kataloge dieser Welt, die zum Träumen einladen und zeigen, was hätte sein können, wenn, ja, wenn alle sich nur an die Spielregeln gehalten hätten und ihrer Aufgabe nachgekommen wären. Denn in Wahrheit, das wusste Carlotta, brauchte es keine schönen Möbel für ein gemütliches Zuhause voller Wärme und Geborgenheit. Es braucht dazu nur das Gefühl eines Menschen, der mit diesem jede noch so traurige Bleibe in das schönste Heim der Welt verwandeln kann. Einfach deshalb, weil er den Menschen einen Platz in seinem Herzen gibt, einen Platz, an dem sie sich sicher, geborgen und geschützt fühlen können und so die Liebe und Wärme spüren, die ein wahres Zuhause ausmacht.

So hoffen wir, dass Carlotta eines Tages einen Menschen treffen möge, der ihr ein zu Hause in seinem Herzen gibt und ihr

Asyl gewährt, bis sie ihr wahres Zuhause in sich selbst entdecken kann. Ein Ort in ihrem Herzen, der in diesem Moment zerstört, geschändet, beschmutzt und mit Füßen getreten nur zur Flucht animierte, nicht aber zum Verweilen einlud.

Hoffen wir, dass sie die Kraft in sich finden möge, in ihrem Herzen aufzuräumen, auf dass das Paradies ihrer eigenen Gefühle wieder auferstehen und sie sich in sich selbst zu Hause fühlen kann. Dann ist es egal, an welchem Ort auch immer sie sein wird, trägt sie doch dann den Hort der Geborgenheit in ihrem Herzen und braucht keine bunten Kataloge mehr, um sich in eine andere Welt hinein zu träumen.

Blinde Augen, taube Ohren

An diesem Morgen ging es Carlotta so schlecht, dass sie nicht in die Schule gehen konnte. Sie war aufgewacht mit schlimmen Kopfschmerzen und „Bauchweh", wie sie es immer nannte, wenn es in ihr brannte, als ob ihre Eingeweide zerreißen würden und ihr Genitalbereich blutverkrustet war und sie sich überhaupt so elend fühlte, dass sie eigentlich nur hätte sterben wollen. Aber das ging nicht, denn sie liebte doch das Leben so sehr und hatte noch so viele Wünsche und Träume und dazu einen unbändigen Willen und eine schier endlose Sehnsucht nach dem Leben. Ihrem Leben.

Ihre Mutter hatte nach ihr gesehen als Carlotta nicht hatte aufstehen wollen und war schließlich, nachdem sie ihre Stirn getastet hatte, zu dem Entschluss gekommen, dass es wohl wieder eine dieser Viren waren, die ihre Tochter heimgesucht hatten, zwar ohne Fieber, aber das konnte ja noch kommen.

„Ich kümmere mich nachher um dich, mein Kleines", hatte sie noch zu Carlotta gesagt und diese war erschöpft zurück ins Bett gesunken. Carlotta war dankbar darüber, nicht in die Schule zu müssen, da sie sich doch so zerschlagen und kaputt fühlte, dass sie es kaum schaffte, sich auf den Beinen zu halten. Ihr war so unendlich schwindelig, dass sich alles vor ihren Augen drehte, selbst wenn sie sie geschlossen hielt. Es war, als wäre ihre Welt aus den Fugen geraten und hätte sich zu drehen begonnen in einem Tanz aus Irrsinn und Chaos, in dem es keinen Halt mehr für sie gab und der sie mit sich riss, ohne dass sie sich hätte wehren können. Oft hatte sie das Gefühl, verrückt zu werden, einfach aufzuhören zu existieren, als hätte man ihre Seele absorbiert und nur ein Vakuum in ihr zurückgelassen. Eine Leere, die sie ins Bodenlose stürzen ließ.

Wie gut, dass da auch schon die Tür aufging und ihre Mutter das Zimmer betrat und sich zu ihr auf die Bettkante setzte.

„Was ist bloß los mit dir?", fragte sie Carlotta besorgt, ohne aber wirklich eine Antwort von ihr hören zu wollen. „Ich mache mir langsam Sorgen um dich. Das ist nun schon das zweite Mal in diesem Monat, dass du krank bist und wir keinen Grund für dein Unwohlsein finden können…"

Gedankenvoll strich sie ihrer Tochter über die Stirn und ordnete ihr wild zerzaustes Haar. Für Carlotta waren ihre Worte wie ein Segen, nicht so sehr die Worte selbst, sondern die Anteilnahme und die Gefühle, die ihr ihre Mutter entgegenbrachte und die wie ein kühler Wind über ihren brennenden Wunden wehte.

„Vielleicht", dachte sie, während ihre Mutter ihre Hand hielt, „vielleicht sollte ich ihr jetzt einfach alles erzählen, jetzt, wo es mir so schlecht geht und sie so nett zu mir ist." Und ihre kleine, verletzte Seele schöpfte für einen Moment Hoffnung. Die Hoffnung, ihre Bürde und unerträglich schwere Last mit jemandem teilen zu dürfen und nicht mehr so unendlich allein mit ihrem Seelenschmerz sein zu müssen. Es war ein seltsam stiller Moment, bevor Carlotta mit leiser, vorsichtiger Stimme nach Worten ringend sagte: „Ich glaube, heute Nacht ist etwas Furchtbares passiert."

„Etwas Furchtbares passiert?", ihre Mutter zog erstaunt die Augenbrauen hoch und seltsame Kälte und Furcht machte sich in ihr breit. „Wie meinst du das?"

„Etwas Furchtbares...", Carlotta wurde unsicher und stockte. Nur ihr verletztes Gefühl und ihre geschundene Seele schienen weiter zu sprechen und das zu erzählen, was ihr widerfahren war.

Ihre Mutter wusste sofort um Carlottas Gefühle, auch ohne dass sie etwas hätte sagen brauchen. Denn sie selbst kannte diesen Zustand nur allzu gut aus ihrer eigenen Vergangenheit. Diese Leere, diesen Schmerz, für den es keine Worte gab und diese unendliche Verlassenheit und Einsamkeit, die ihr jetzt aus den Augen ihrer Tochter entgegensprangen. Wie ein waidwundes Tier, das auf der Flucht war.

Sie spürte, wie der Sog des unaussprechlichen Grauens, der an der Seele ihrer Tochter zog, auch sie ergriff. Dabei hatte sie doch stets und immer wieder jeden Tag aufs Neue mit aller Macht und Kraft versucht, gegen eben jenes Chaos in sich anzukämpfen, um es unter Kontrolle und für immer zum Schweigen zu bringen.

Ja, sie hatte zeitweise sogar Tabletten nehmen müssen, gegen den Druck in ihrem Kopf und das Chaos, das sie aufzufressen drohte. So war es auch eine Zeit lang gutgegangen, bis Carlotta zu laufen begonnen hatte und leise, fast unmerklich das Grauen zu ihr zurückgekommen war. Diesmal in Gestalt ihrer kleinen Tochter, die ihr das widerspiegelte und vorlebte, was sie einst als kleines Mädchen selbst erfahren und erlitten hatte. Und doch fand sie nicht die Kraft, ihr eigenes Kind vor diesem gleichen Schicksal zu bewahren. Sie hatte nicht die Stärke, sich für das Leid ihrer Tochter zu öffnen. Denn dies hätte bedeutet, sich für das eigene Leiden in ihr selbst öffnen zu müssen, das sie doch für immer aus ihrem Bewusstsein zu drängen angetreten war.

Daher rührte auch ihre Ablehnung, die sie zeitweise für ihr Kind – und für sich selbst in Gestalt dieses Kindes empfand. Oft sah sie dem kleinen Mädchen hinterher, wie es hoffnungslos und ausgeliefert in sein Schicksal lief. Sie wusste nur zu gut, wie Carlotta sich fühlte, ohne aber etwas zu unternehmen.

Etwas Merkwürdiges war in ihr passiert, etwas, was sie sich selbst nicht zu erklären vermochte. Manchmal fühlte sie sich, als wäre sie in die Rolle ihrer eigenen Mutter getreten und Carlotta würde sie selbst darstellen. Ebenso wie ihre eigene Mutter war sie unfähig, sich mit dem kleinen, leidenden Wesen vor sich zu identifizieren und sich für dieses zu öffnen, um es aus seiner Einsamkeit und Notlage zu befreien.

Nicht selten empfand sie sogar Hass, Hass darüber, dass ihr wieder und wieder das vor Augen geführt wurde, was sie nicht mehr in sich zulassen wollte. In ihrer Hilflosigkeit richtete sie diesen Hass nicht zuletzt gegen Carlotta, die sie harsch zurechtwies und dabei ihre Tochter anhielt, sich zusammenzureißen, die Realität zu ignorieren und ihre Gefühle zu unterdrücken, wie auch sie es selbst tat.

Und genau jetzt war wieder so eine Situation, eine die sie vor die Wahl stellte, „Ja" zu ihrer Tochter zu sagen oder sich ihr gegenüber zu verschließen. Denn ein Ja, das spürte sie nur allzu deutlich in sich, würde bedeuten, Konsequenzen zu ziehen. Und genau damit hatte sie sich immer schwergetan: Entscheidungen zu treffen und diese durchzusetzen, gegen alle äußeren Widerstände und vor allem gegen die Angst in sich.

Es war die Angst vor der Einsamkeit, die Angst vor dem Versagen und dem entsetzlichen Gefühl, den Weg nach vorne doch nicht zu schaffen, weil ihr die Kraft fehlte. Daher blieb ihr keine Wahl, als in den Schoß ihres alten Lebens zurückzukehren, um so ein scheinbar sicheres und geregeltes, wenn auch elendiges und unfreies Dasein zu fristen.

„Was hältst du davon, wenn ich dir einen Tee mache und etwas Zwieback bring?", unterbrach sie plötzlich ihre Gedanken und riss sich förmlich von Carlotta und ihren eigenen Gefühlen los. Eilig und überstürzt hatte sie das Zimmer verlassen, als wäre sie auf der Flucht. Der Wahnsinn hatte sich in ihr breitgemacht! Das Grauen, das sie in ihrer Tochter gesehen und von ihr aufgenommen hatte, hatte die Geister ihrer verdrängten Vergangenheit wachgerufen. Sie spürte diesen verhängnisvollen Schwindel in ihrem Kopf und den Schleier vor ihren Augen, dieses seltsame Flimmern, vor dem sie solche Angst hatte, weil es sie übermannte und sie ihm nichts entgegen zu setzen wusste.

„Verdammt!", fluchte sie leise, während sie sich auf der Küchenarbeitsplatte abstützte. Was hatte der Arzt ihr damals noch geraten? Sich nicht reinfallen lassen und rein ziehen lassen in Situationen, die sie so sehr belasteten. Sich rausziehen und wenn der Druck da ist, dann etwas Ablenkung suchen und eine der verordneten Tabletten nehmen.

„Ja", sagte sie sich, „vielleicht ist es das Beste, ich nehme eine Tablette und gehe später zum Yoga. War dumm von mir, den Kurs so lange nicht zu besuchen. Jetzt habe ich den Salat und den Stress dazu." Eilig nahm sie eine Tablette, die sie zur Sicherheit immer im Haus hatte, trank ein Glas Wasser, griff zum Telefon und rief ihre beste Freundin an, um sich für den Nachmittag mit ihr zu verabreden. Denn dieses Haus würde sie noch in den Wahnsinn treiben.

Als sie Carlotta den Tee brachte, hatte sie sich schon wieder für ihre Tochter und deren Leid verschlossen. Sie redete ununterbrochen, mit einer fast sich überschlagenden Stimme. So, als wolle sie die anderen, dunklen Stimmen in sich zum Schweigen bringen.

„…und überhaupt, dann wird es dir auch schon viel bessergehen. Das ist ein Virus, den haben sie jetzt alle und nachher gehe ich noch in die Stadt und ich bin mir sicher, ich werde etwas Schönes für dich finden und es dir mitbringen. Was hältst du davon? Und Papa kommt etwas früher nach Hause, damit du nicht so lange allein bist. Denn ich muss noch zum Yoga-Kurs wie jeden Dienstag, das weißt du doch, oder?"

Carlotta hatte die Augen geschlossen und nickte nur.

„Sieh mich an!", forderte ihre Mutter sie auf. Sie griff mit den Händen nach Carlottas Gesicht. „Das wird schonwieder", hörte sie sich sagen. „Du brauchst jetzt einfach nur ein paar Tage Zeit, um dich auszuruhen und dann kannst du auch wieder aufstehen. So und jetzt bringe ich dir noch deinen Bruno, deinen alten Kuschelfreund, damit du dich nicht so alleine fühlst und dann schließt du die Augen und machst dir keinen Kopf mehr und wirst ganz schnell wieder gesund!"

„Aber Mutti…", wollte Carlotta noch einmal ansetzen.

„Nein! Jetzt wird sich ausgeruht! Später kannst du dann Fernsehen gucken. Aber jetzt wird erst mal geschlafen!"

Zügig zog sie die Tür hinter sich zu, so, als wolle sie damit auch die Tür zu ihrem verletzten Inneren zuziehen. Sie atmete tief durch, schüttelte kurz ihren Kopf, so wie sie es immer tat, wenn sie ihre Gedanken abschütteln wollte und versuchte, sich auf ihren Tag zu konzentrieren. Schnell hatte sie Carlotta noch einen Kuss auf die Stirn gedrückt und hatte das Zimmer verlassen.

Carlotta lag derweil in ihrem Zimmer, allein gelassen mit der Last ihrer Seele, die mit jedem Mal schwerer und erdrückender auf ihr lastete und ihr war, als würde sie an all dem Druck in ihr ersticken und zugrunde gehen. Ihre Mutter, so sehr sie sie liebte, war nicht bereit, ihr zu helfen.

Niemals, das wusste Carlottas Mutter in diesem Moment, würde sie den Mut finden, sich gegen ihren Mann und auf die Seite ihres Kindes zu stellen und somit auch auf ihre eigene.

Als ihre Mutter später mit Tüten bepackt zurückkam und die kleinen Kostbarkeiten, die sie gekauft hatte, vor Carlotta ausbreitete, konnte diese sich nicht wirklich freuen. Erschöpft nahm sie die kleinen Sachen in die Hand, drehte und wendete sie und wünschte sich in ihrem Inneren doch nichts weiter als einen Menschen, der sie ganz fest in die Arme nahm. Einen Menschen, der offen für sie war und dabei so stark, um sie vor den Unbilden des Lebens zu schützen.

Für solch einen Menschen, das wusste Carlotta, würde sie alles tun, was in ihrer Macht stand. Sie wäre das liebste Mädchen überhaupt und würde ihr ganzes Herz verschenken. Auf sämtliche Geschenke würde sie gerne verzichten wollen und sie stattdessen liebend gerne gegen ein offenes Herz eintauschen. Ein Herz, das das ihre verstand. Ein Herz, das nicht hilflos die Augen verschloss vor dem, was sie, Carlotta, täglich erleiden musste.

Sie selbst, das wusste sie, würde es anders machen. Sie würde sich schützend vor ihre Schützlinge stellen und kämpfen, so lange sie noch Kraft hatte. Sie würde es wie die Tiere tun, ihre großen und kleinen Freunde, die bis zum Äußersten gingen, um ihre Jungen zu schützen und zu verteidigen und nicht zulassen, dass man denen, die sie am meisten liebte, etwas antat.

Denn wahre Liebe bedeutet auch, offen zu sein für den Menschen, den wir lieben, ein offenes Ohr und ein noch offeneres Herz zu haben. Und ihm, so wir uns dazu aufgerufen fühlen, zu helfen, die Last seiner Seele zu tragen und zu transformieren.

Vielleicht werden wir erkennen, dass seine Last auch die unsere ist, vielleicht nicht die gleiche, aber doch eine ähnliche und wir uns über diese Person auch selbst helfen.

Hier kommt das universelle Gesetz zu tragen, dass das, was wir einem anderen angedeihen lassen, auch uns selbst geben. Dass das, was wir nach außen geben, nicht nur zu uns zurückkommt, sondern durch uns hindurchfließt und wir so Teil der Erfahrung und Heilung sind.

Omas Nusskuchen und das süße Gift des Vergessens und Verdrängens

Wie kann es sein, so fragen sich viele von jenen Menschen, die das Grauen des Missbrauchs in ihrer Kindheit erlebten und sich zum Teil nur noch vage daran erinnern können, wie kann es sein, dass sich Teile des Erlebten einerseits scheinbar für die Ewigkeit tief in unsere Seelen einbrannten, anderseits aus unserem Bewusstsein gelöscht werden? Gerade so, als hätte das Grauen nie stattgefunden?

Viele besitzen überhaupt keine Erinnerungen an das erlebte und erduldete Leiden. Das einzige, was zurückbleibt und was gespürt wird, ist ein ungutes, tief schmerzendes Gefühl, das nicht verschwinden will, nicht weggeht. Betroffene ahnen: Hier ist etwas grundsätzlich schiefgelaufen, etwas so Furchtbares passiert, dass sie es nicht benennen können. Ja, nicht einmal erinnern. Erinnern wollen? Erinnern können?

Vielleicht beides.

Es war schon ein paar Tage her, dass Nina, Carlottas Klassenkameradin, nicht mehr in der Schule gewesen war. Und da sie Carlottas Tischnachbarin war hatte sie beschlossen, Nina an diesem Nachmittag einen Besuch abzustatten.

Da stand sie also vor der Tür und reckte den Arm hoch, um die Klingel zu betätigen. Doch niemand öffnete. Sie klingelte ein zweites und ein drittes Mal, bevor sie sich enttäuscht umdrehte und den Weg nach Hause antreten wollte.

„Hallo, was gibt's denn?", hörte sie im Weggehen eine Stimme hinter sich. Sie zuckte zusammen, denn die Stimme war sonderbar hart und erinnerte sie irgendwie an die ihres Vaters. Sie blieb stehen und wusste nicht, ob sie sich umdrehen sollte oder nicht.

„Ja, du da, wie heißt du noch... hast du nicht gerade bei uns geklingelt?"

„Ja, hab ich", antwortete Carlotta schüchtern.

„Und, was gibt es?"

„Also…", Carlotta hatte es die Stimme verschlagen, „es ist wegen Nina, ich wollte mal fragen, wie es ihr geht."

„Gut, alles in Ordnung!"

„Aber warum ist sie dann nicht in der Schule?", wollte Carlotta wissen.

„Ähm ja, so gut geht es ihr auch wieder nicht. Stimmt, sie ist krank, hat die Grippe, glaube ich."

„Darf ich zu ihr?", fragte sie plötzlich ganz mutig, denn sie hatte das untrügliche Gefühl, dass sie ihre Freundin sehen musste.

Verlegen kratzte sich der Mann, immer noch in der Tür stehend, am Kopf. Carlotta bemerkte, dass ihm das Hemd aus der Hose hing und der Reißverschluss seiner Hose offen war. Durch Carlottas Blick aufmerksam geworden, blickte der Mann an sich herunter, bemerkte nun auch sein nur flüchtig in Ordnung gebrachtes Äußeres und beeilte sich, seine Kleidung zu richten.

„Zu Nina willst du also", brummte er noch vor sich hin, „dann bist du also ihre Freundin. Na, dann mal zu, junge Frau, dann lauf mal los, du weißt sicherlich, wo ihr Zimmer ist."

Mit einigem Unbehagen zwängte sich Carlotta an dem Mann vorbei, der mit seinem Körper fast die ganze Tür einnahm, immer bedacht, ihn bloß nicht zu berühren. Ein seltsam fremder und doch gleichzeitig vertrauter Geruch schlug ihr entgegen, als sie die Tür zum Zimmer ihrer Freundin öffnete, ein Geruch von Schweiß und Angst oder beidem. Ihr Herz raste.

„Papa, bist du es wieder?", fragte eine ängstliche, fadendünne Stimme unter der Bettdecke hervor.

„Nein, ich bin es, Carlotta."

Behutsam mit kleinen Schritten näherte sich Carlotta dem Bett ihrer Freundin, die sich ganz unter der Decke versteckt hatte, so dass nur noch ihre Haare und die Finger darunter hervorschauten.

Eine Zeit lang stand Carlotta da und wusste nicht recht, was sie tun sollte. Die Situation und die Gefühle, die im Raum standen, kamen ihr so bekannt vor, nur dass sie diesmal die Szene wie von außen betrachtete und nicht selbst involviert und betroffen war.

„Ich geh dann mal los, ist ja schon spät", rief Ninas Vater vom Flur aus, „Oma muss auch jeden Moment kommen". Die Haustür fiel ins Schloss und sie hörten noch, wie der Wagen gestartet wurde und davon rollte.

„Nina", fragte Carlotta leise und zog zaghaft an der Bettdecke. Sie erschrak, als sie nun in das Gesicht ihrer Freundin sah. Es war rot und aufgequollen, die Augen verweint, die Haare zerzaust.

Fassungslos blickte sie ihre Freundin an und die Verwirrtheit in ihrem Gesicht musste so entsetzlich gewesen sein, dass die kleine Nina sofort die Decke wieder über ihr Gesicht zog. Nina mochte den Schrecken im Antlitz ihrer Freundin nicht ertragen, der ihr zeigte, wie schlimm es um sie bestellt war.

„Ich will niemanden sehen, hörst du, niemanden!", rief sie trotzig und verletzt und begann zu weinen.

„Aber ich bin doch deine Freundin", entgegnete ihr Carlotta leise und blieb trotz der Abfuhr am Bett stehen.

Wie lange ihre Freundin weinte, wusste sie nicht. Wie angewurzelt stand Carlotta da und schaute auf den Körper, der von Weinkrämpfen geschüttelt wurde.

„Mir ist so übel", hörte sie plötzlich die Stimme von Nina unter der Bettdecke, „mir ist so furchtbar schlecht."

Carlotta kannte dieses Gefühl nur zu gut. Sie hasste es selbst, sich anschließend zu übergeben. Oft wurde ihr dabei schwarz vor Augen und sie hatte dann stets das Gefühl, irgendetwas zöge ihr den Boden unter den Füßen weg und sie fiele in ein Loch ohne Ende und hatte Angst, nie wieder aus ihm heraus zu finden.

„Komm Nina, ich bin doch bei dir", sagte sie und ihre Stimme klang wie aus einer anderen Welt, „du musst dich hinsetzen! Meine Mutti sagt immer, ich soll sitzen, wenn mir schlecht ist, damit ich mich nicht verschlucken und dabei ersticken kann."

Sie half ihr auf.

„Geht es etwas besser?"

Nina nickte. Das kleine Nachthemd hatte sich etwas hochgeschoben und Carlotta sah große rote Striemen an den Innenschenkeln ihrer Freundin, die hochrot an einigen Stellen bluteten, weil die Haut aufgerissen war.

Als Nina die Blicke ihrer Freundin sah, zog sie beschämt das Nachthemd runter, um die furchtbaren Striemen zu überdecken.

„Tut es sehr weh?" fragte Carlotta leise.

Nina nickte stumm. Es war ein seltsames Gefühl zwischen ihnen beiden, eines, das die beiden kleinen Menschen in ihrem tiefsten Leid verband. Sie waren Schwestern im Leid, weil jede für sich zu Hause das Grauen erlebte, ohne sich mitteilen zu können. Ohne Hilfe zu erfahren und ohne, dass irgendjemand Notiz von dem zu nehmen schien, was sie über sich ergehen lassen mussten.

Aus diesem Gefühl der Verbundenheit heraus griff Carlotta plötzlich nach Ninas Hand und drückte sie ganz fest, als wollte sie ihr alles das sagen, wofür es keine Worte gab. Denn alle Worte dieser Welt hätten nicht ausgereicht, die Tiefe ihres Mitgefühls für die Freundin auszudrücken.

„Ich glaub, es kommt", sagte Nina leise und begann zu würgen, „schnell, du musst mit mir ins Bad, ich bekomme immer furchtbaren Ärger, wenn ich hier alles voll kotze..."

Schnell liefen die beiden Mädchen ins Bad und noch während sie den kalten Fliesenboden erreichten, brach es aus Nina heraus, die mit letzter Kraft zum Klo kroch, um ihren Kopf hinein zu hängen.

„Mir ist so furchtbar schlecht", wimmerte sie, „mir ist so übel!" Und wieder musste sie sich übergeben.

Carlotta hatte angefangen, den Boden mit Klopapier sauber zu wischen, während ihre Freundin zusammen gekauert dasaß und sich den Kopf hielt.

„Mein Kopf tut so weh!", rief sie und hielt ihn mit beiden Händen, als wolle sie verhindern, dass er auseinanderfiele. „Er hat so doll immer und immer wieder zugehauen, weil ich nicht wollte, bis ich nicht mehr konnte und aufgab!"

Stumm stand Carlotta daneben, unfähig sich zu bewegen, wie gelähmt. Alles das, was sie vor sich sah, erinnerte sie an all jenes Schreckliche, das sie selbst zu Hause erfuhr. So war es eben, das Leben! Und jetzt musste man etwas warten, bis die Kopfschmerzen vorbei waren und alles wieder besser werden würde...

Schritte im Hausflur und die Stimme einer älteren Frau riss sie aus ihren Gedanken.

„Hallo Oma, ich bin hier oben!", rief Nina plötzlich, seltsam fröhlich im Vergleich zu vorher. Sie versuchte aufzustehen und Carlotta beeilte sich, sie zu stützen. Während sie aus dem Badezimmer wankten, kam auch schon die Oma die Treppe herauf, eine ältere, aber noch rüstige Dame mit warmherziger Stimme.

„Ach, da bist du ja und Besuch hast du auch! Komm her, mein Schatz! Wie geht es dir denn?" Mit diesen Worten drückte sie ihre Enkelin an sich. „Meine Güte, dein Gesicht ist ganz rot! Hast du Fieber? Lass sehen! Dein Papa sagte mir doch, dass es dir wieder besser geht. Na so was. Und du, junges Fräulein, bist du Ninas Freundin?"

Die Oma hatte eine frische, liebevolle Art, die auf den ersten Blick darüber hinwegtäuschte, dass sie auch sehr streng und geradezu hartherzig viele Jahre ihres Lebens gewesen war. Jahre, in denen sie ihre Kinder und auch den Vater von Nina zu Recht und Ordnung erzog, und wo es zur Ordnung eben auch gehörte, dass sein Vater, ihr Mann, bei Nichteinhaltung der Familienregeln schon mal im Keller zum Gürtel gegriffen und seinen Jungs ein paar auf den nackten Hintern gegeben hatte.

„Ja, es waren harte Zeiten gewesen", dachte die Oma noch. „Diese Schreie im Keller! Wenn da man nicht mehr passiert ist..." Verdammter Mist! Warum muss ich ausgerechnet jetzt daran denken, warum kann die Vergangenheit nicht einfach ruhen und mich mit ihren Erinnerungen verschonen!"

Nein, sie wollte mit dem ganzen Schmutz und Dreck ihres Mannes nichts zu tun haben und war heilfroh, als er sieben Fuß unter der Erde endlich aus ihrem Blickfeld und Leben verschwunden war. Dass ihr Sohn im Laufe der Jahre ihm, seinem Vater, immer ähnlicher geworden war und seinem Bild aus jungen Tagen, als sie beide geheiratet hatten, wie zum Verwechseln ähnlich sah, hatte sie mit einem lachenden und einem weinenden Auge zur Kenntnis genommen. Heimlich hatte sie gebetet, er möge nicht das dunkle Erbe ihres Mannes übernommen haben, um aber gleichzeitig zu wissen, dass ihr Sohn ihrem Mann in nichts nach stand. Im Dunkel seines Herzens war ihr Sohn ein ähnlicher Tyrann und gewalttätiges Monster, das sich holte, was es wollte, ohne Rücksicht auf Verluste.

„So, junge Damen!", rief sie plötzlich und ihre Stimme überschlug sich ein wenig, als wollte sie die dunklen Bilder und Gedanken in ihrem Kopf damit verschrecken. „Was haltet ihr davon, wenn wir drei uns einen schönen Nachmittag machen, mit Kakao und Kuchen, hm? Klingt das nicht gut?" Und ohne eine Antwort abzuwarten, hatte sie ihre Enkelin an der Hand genommen und zog sie die Treppe hinab.

„Komm Carlotta", rief sie Carlotta noch zu, weil diese wie angewurzelt stehen geblieben war. „Helft mir, den Teig für den Kuchen zuzubereiten. Ihr könnt wählen zwischen Schoko oder Marmor!"

„Aber mir ist doch schlecht!", sagte Nina mit kleinlauter Stimme, als sie von ihrer Oma auf einen Stuhl am Küchentisch gesetzt wurde.

„Ach was, das wird schon! Oder willst du lieber Nusskuchen? Den magst du doch immer so gerne!"

Munter plauderte die Oma weiter, mehr mit sich selbst als mit den beiden Mädchen, die wie kleine, verschreckte Hasen am Küchentisch saßen und ihr bei den Vorbereitungen zuschauten.

Schon bald duftete es warm aus dem Ofen, denn Oma buk die besten Kuchen überhaupt. Draußen nieselte es und die beiden Freundinnen saßen mit warmen Kakao rechts und links von Oma auf dem Sofa. Oma, die die kleine Nina in eine Decke gewickelt, eng an sich gedrückt hatte und ihr liebevoll durchs Haar strich, redete, wie es Carlotta schien, ununterbrochen, ohne dass ihr jemand zuhörte.

„Ach Ninchen, du bist ja heute ein untröstlicher Quengelgeist!", sagte sie irgendwann, als Nina nicht aufhörte, vor sich hin zu winseln. „Wir alle haben doch mal schlechte Tage und nun komm an meine Brust und hör auf zu jammern! Gleich ist der Kuchen fertig und du wirst sehen, es wird alles gut und bald bist du wieder gesund und kannst zur Schule."

„Aber ich will gar nicht in die Schule…"

Es wäre noch endlos weitergegangen, wenn nicht plötzlich die Eieruhr geschrillt hätte und die Großmutter aufstand. „So meine Mädchen, dann wollen wir mal sehen, wie unser Kuchen geworden ist!"

Sie saßen zusammen im Schein der Wohnzimmerlampe und es war wohlig warm und kuschelig, der Kuchen süß und der Kakao lag warm und schwer in ihren Mägen. Oma erzählte von der Zeit, als sie ein kleines Mädchen war, im verschneiten Wald spielte und die Spuren der Hasen im Schnee verfolgte.

Carlotta beobachtete voller Erstaunen, wie es ihrer Freundin zusehends besserging und sie an der weichen, warmen Brust ihrer Oma förmlich aufblühte und aufging, wie der Kuchen zuvor im Ofen. Es war alles so unendlich kuschelig, weich und schön, dass die Schrecken immer mehr zu verblassen schienen und liebevoll zugedeckt wurden wie eine aufgerissene Landschaft unter der zarten Decke des Schnees. Nina schien sich geradezu vollzusaugen mit den Zuwendungen ihrer Oma, als wollte sie damit das Geschehene ungeschehen machen und aus ihrem Leben streichen. Denn das Leben war doch so schön und Oma so lieb…

Sie hatte sich eng an ihre Oma gekuschelt, die ihr immer noch wieder und wieder liebevoll über den Kopf strich, als wollte sie sämtliche Spuren verwischen. Als wie durch Zufall das kleine Nachthemd ein wenig hoch rutschte und die furchtbaren Striemen sichtbar wurden, da stockte die Oma für einen Moment in ihrem Erzählfluss. Sie hielt einen Augenblick inne, blinzelte ein paar Mal mit den Augen, schüttelte dann den Kopf wie um etwas abzuschütteln, zog das Nachthemd über die Knie ihrer Enkelin, strich es sanft glatt und erzählte weiter, als hätte sie nichts gesehen.

„…und dann gab es da den Platz auf der Lichtung im Wald, wo die Schneedecke manchmal etwas auftaute, weil tagsüber die Sonne den Waldboden erreichen konnte. Meist saßen dort einige meiner geliebten Hasen, die nach etwas Gras und Grünzeug suchten und ihr Fell war ganz weiß. Das wisst ihr doch, nicht wahr, die Hasen bekommen im Winter ein weißes Fell, damit sie sich im Schnee vor ihren Feinden besser verstecken können…"

Es war so unendlich warm und heimelig und Carlotta war ganz müde und schwer geworden. Am liebsten hätte sie sich auch an die Oma gekuschelt, wenn diese ihr nicht so fremd gewesen wäre, und hätte dabei gern alles vergessen, was sie in ihrem Leben so sehr schmerzte.

„Meine Omi ist die beste!", sagte Nina und schmiegte sich noch enger an ihre Oma. „Ich hab dich soooo lieb!"

„Ja, ich weiß, meine Kleine" sagte die Oma und drückte Nina an sich. Carlotta war es, als hätte sie selbst in ihrem Leben noch nie so viel Liebe, Wärme und Glück erhalten und gespürt, wie jetzt ihre Freundin Nina. Plötzlich verspürte sie einen Stich in ihr Herz, in dem es so kalt, einsam und verlassen war. Niemand war da, der mit Großmütterlichkeit, Wärme, einem weichen Busen, schönen Geschichten und süßem Kuchen die Risse in ihrem Herzen verschloss und einen Schutzmantel um ihre zerschlagene und auseinander zu brechen drohende Seele legte, der das Elend zwar nicht auflöste, so aber doch gnädig überdeckte.

„Hast du denn auch eine Oma?", fragte die Oma Carlotta.

Carlotta nickte und schüttelte mit dem Kopf zugleich, denn sie war ganz verwirrt und wie gefangen in dem Strudel der Gefühle der beiden, so dass ihr ganz schummerig im Kopf war.

„Ach, du bist sicher müde, nicht wahr? Huch, es ist ja auch schon ganz spät, wie die Zeit vergeht. Du solltest vielleicht besser nach Hause gehen, deine Mutter wartet doch bestimmt schon. Ich werde sie anrufen, damit sie weiß, dass du dich auf den Weg gemacht hast. Und du, meine kleine Nina-Maus, machst dich am besten schon fertig fürs Bett. Du weißt doch, Rüdiger, ich meine dein Vater, mag es nicht, wenn du noch wach bist, wenn er nach Hause kommt."

Bei der Nennung des Namens ihres Vaters zuckte Nina kurz zusammen und für einen Moment war der Schrecken auf ihr Gesicht zurückgekehrt.

„Oma, kannst du nicht noch ein klein wenig bleiben?"

„Doch, doch, keine Sorge, ich bleibe ja noch ein Weilchen."

„Aber kannst du nicht noch länger bleiben, ich habe Angst…"

„Angst?", die Oma guckte verdutzt. „Doch nicht etwa vor Rüdiger?"

Nina hielt einen Moment inne, als wüsste sie nicht, was sie antworten sollte. Ihr eigenes Gefühl sagte: „Ja, ich habe Angst vor meinem Vater!" Doch gleichzeitig erspürte Nina die Angst ihrer Oma vor der Wahrheit. „Nein, doch nicht vor meinem lieben Sohn!" Und da das Gefühl für ihre Oma und deren Ängste stärker war als ihre eigenen und diese ganz in den Gefühlen der anderen aufgegangen waren, schüttelte sie den Kopf.

„Na, siehst du, meine Kleine! Ist doch alles gut und den Rüdiger, den muss man einfach zu nehmen wissen. Er ist eben manchmal so! Aber in seinem Kern ist es ein guter Junge, nicht wahr?"

„Ja Oma", sagte Nina leise, kroch zurück in ihre Decke und schmiegte sich an ihre Oma. „Aber du bleibst doch noch ein bisschen?"

Als Nina einige Tage später zurück in die Schule kam, war sie seltsam verändert. Sie hatte einen neuen Schulranzen, den ihr ihre Oma geschenkt hatte, einen mit Glitzersteinen. Alle Mädchen standen um sie herum und bewunderten den neuen Ranzen. Carlotta ging auf ihre Freundin zu und fragte sie: „Geht es dir wieder besser?" Dabei schaute sie Nina mit der ganzen Offenheit ihrer Seele ins Gesicht, war ihr doch dieser Nachmittag nicht aus dem Kopf gegangen.

„Ja, das siehst du doch!", sagte diese in einem seltsam kalten Ton. Etwas ratlos und verletzt stand Carlotta da.

„Den Ranzen hat mir meine Oma geschenkt und dazu noch…" Nina zeigte stolz die schönen Dinge, die sie von ihrer geliebten Oma bekommen hatte, während Carlotta still am Rande der Gruppe stand. Auch später, als Nina neben ihr am Tisch saß, wurde es nicht viel besser. Es war, als wären sie nie Freundinnen gewesen. Jedes Mal, wenn Carlotta versuchte, sich ihrer Freundin zu nähern, wies diese sie zurück. Ja, Carlotta hörte sogar, wie Nina mit den anderen Mädchen böse über sie redete, dass sie ganz furchtbar langweilig wäre und überhaupt ziemlich doof.

Als sie sich zufällig an einem der nachfolgenden Tage auf dem Weg nach Hause alleine begegneten, da nahm sich Carlotta ein Herz und fragte ihre Freundin: „Du Nina, warum sagst du so gemeine Sachen über mich? Ich dachte, wir sind Freunde. Und außerdem habe ich dich besucht, als du krank warst!"

„Ja, aber das wollte ich gar nicht!", rief Nina plötzlich wütend. „Du bist nicht meine Freundin und ich will nie, nie wieder etwas mit dir zu tun haben, nie wieder!"

Plötzlich weinte Nina, begann wegzulaufen und Carlotta hinter ihr her. „Hau ab, ich will dich nie wiedersehen, nie, nie wieder! Ich hasse dich!" Immer verzweifelter klang Ninas Stimme, wie damals an dem Nachmittag, als sie sich unter der Bettdecke verkrochen hatte.

Seit diesem Tag redeten sie nicht mehr miteinander. Wenn Nina besonders schlimm aussah und ein verquollenes Gesicht hatte oder nicht essen konnte, weil ihr so schlecht war, dann vermied sie es besonders, Carlotta in die Augen zu sehen. Sie ging Carlotta aus dem Wege und redete schlecht über sie, als müsste sie ihre ehemalige Freundin, die sie jetzt zu ihrer Feindin auserkoren hatte, vernichten. Vernichten wie einen Erzfeind, der eine Waffe besaß, die Waffe der Erinnerung, die den Tod der Scheinwelt bedeutet hätte!

Heute, Jahrzehnte später, sitzt Nina, die in der Zwischenzeit erwachsen geworden war, an dem Küchentisch ihrer kleinen Wohnung, die sie sich mit einer anderen Studentin teilt und isst von dem warmen Nusskuchen, den sie soeben gebacken hat. Draußen scheint die Sonne und lockt die Menschen ins Freie, doch in ihrem Inneren ist es dunkel und kalt.

Oma ist schon lange verstorben, doch das Geheimnis ihrer Kuchen hat sie an Nina weitergegeben. Immer, wenn Nina traurig ist, so ganz tief traurig, dass sie es selbst kaum versteht, dann hilft nur noch eins: Sie backt sich den leckeren, duftenden Nusskuchen, macht sich eine Tasse Kakao dazu und setzt sich an den Küchentisch, wie sie es mit ihrer Oma immer getan hatte. Dann spürt sie wieder die Wärme und die Geborgenheit, die von dieser Frau ausgingen und das Gefühl, dass alles gut ist und gut werden wird.

Und dann tröstet sie sich selbst: „Heute ist eben halt wieder einer dieser scheußlichen Tage, die wir alle hin und wieder haben und die sich so etwas besser ertrage lassen."

Was hinter der Leere, der Einsamkeit und dem Grauen in ihrem Herzen stand, hat sie vergessen, hat sie nicht mehr parat in ihrem Bewusstsein. Wenn es dann doch für einen kurzen Moment einmal aufblitzt, dann macht es ihr solche Angst, dass sie sich verspannt, so sehr, dass sie kurz darauf furchtbare Kopfschmerzen bekommt, ein lautes, dumpfes Hämmern in ihrem Kopf mit gleichzeitiger Übelkeit. Migräne, wie ihr Hausarzt sagte. Und manchmal, da helfen keine Tabletten und keine guten Worte, sondern da hilft nur noch der Nusskuchen ihrer Oma, der ihr das Gefühl zurückgibt, dass alles gut ist und das Böse in ihrer Welt keinen Platz hat — keinen Platz haben darf! Denn es kann nicht sein, was nicht sein darf, auch wenn es heißt, die eigene Wahrheit zu verleugnen.

Hoffen wir, dass Nina nicht irgendwann selbst zu einer Oma wird, die warmherzig resolut ihren Enkeln süßen Nusskuchen auftischt, um damit das Grauen eines Missbrauchs abzudecken oder zu verstecken, sondern den Mut findet, einzugreifen.

Hoffen wir, dass sie die Kraft findet, sich ihrer Wahrheit, so schmerzhaft und furchtbar sie auch sein mag, zu stellen, um ernüchtert aber frei und ihrer selbst bewusst ihr Leben neu aufzubauen und zu leben, das ansonsten für immer in der Vergessenheit und Verdrängung versinkt und nur dann und wann in Form von grausamen Kopfschmerzen an sein Dasein erinnert.

Das Fieberthermometer

Immer wenn Carlotta krank war, weil wieder einmal eine Grippe ins Haus stand, eine Kinderkrankheit oder sie eine „seelische Verstimmung" hatte, etwas, was ihr auf den Magen geschlagen war (wobei ihre Magenverstimmungen meist ganz handfeste Ursachen hatten und entstanden, weil sie wieder einmal etwas gegen ihren Willen hatte aufnehmen müssen), gab es eine Prozedur, vor der sie sich so sehr fürchtete, dass sie sich lieber todkrank in die Schule geschleppt hätte, als sie über sich ergehen zu lassen:

Es war das Fiebermessen.

Eigentlich kein dramatischer Akt, wenn man ihr nur nicht jedes Mal das Fieberthermometer in den Anus zu schob, anstatt unter die Achsel oder unter die Zunge.

Die Prozedur begann für Carlotta bereits mit der Ankündigung, dass es wieder einmal so weit wäre. Meist morgens nach dem Frühstück, wenn es Zeit war festzustellen, ob die Temperatur gefallen oder gestiegen war. Ab diesem Moment wurde sie unruhig und nervös, begann an ihren Fingernägeln zu kauen, sich die Haare zu raufen und innerlich und äußerlich zu zittern. Manchmal war es so schlimm, dass sie sich vor Panik in die Fäuste biss. Es war sogar schon vorgekommen, dass sie einnässte so groß war ihre Furcht vor diesem Akt des Fiebermessens. Einmal bereitete ihr das Kommende bereits eine solche Angst, dass sie es sogar in Erwägung gezogen hatte, aus dem zum Lüften geöffneten Fenster zu springen, es dann jedoch hatte sein lassen, weil sie das Leben so sehr liebte.

Nun war es wieder so weit. Sie hörte bereits die Schritte ihrer Mutter auf der Treppe, die zu ihrem Zimmer führte und ihre Angst wuchs ins Unermessliche.

„Ich muss weg!", dachte sie nur noch panikartig. „Ich muss weg, sonst sterbe ich!"

Sie schlug die Decke zurück und blickte sich in dem Zimmer, um wie ein gehetztes Tier auf der Flucht, dem die Todeshatz ins Gesicht geschrieben war.

Da! Unter den Tisch!! Schon hatte sie die Decke, die sie liebevoll über ihren kleinen Tisch gelegt hatte, hochgehoben und war darunter gekrochen.

„Carlotta?", rief ihre Mutter verdutzt, als sie das Zimmer betrat. „Bist du ins Bad gegangen?"

Carlotta saß unter ihrem Tisch, zitterte und versuchte, den Atem anzuhalten.

Ihre Mutter hatte derweil begonnen, ihr Bett zu richten und war dann ins Bad gegangen, um nach ihr zu suchen.

Ihre Fingernägel kauend, bis diese fast bluteten und sie wusste, dass sich diese wieder entzünden würden, saß sie unter dem Tisch und lugte durch den kleinen Spalt, den das Tischtuch frei ließ und sah durch ihn bis in den Flur auf die Badezimmertür.

„Komisch, was mache ich hier eigentlich?", dachte sie plötzlich und hielt inne. „Sie will ja nur das Fieber messen und wie soll ich ihr das hier alles erklären?" Von einem inneren Impuls gelenkt kroch sie langsam unter dem Tisch hervor und legte sich zurück in ihr Bett. Wenig später kam auch schon ihre Mutter aus dem Badezimmer zurück.

„Nanu, wo hast du denn gesteckt? Ich habe dich schon überall gesucht! Wir müssen noch dein Fieber messen."

„Ja, ich weiß", sagte Carlotta leise. „Du Mutti…"

„Ja."

„Ich habe solche Angst!"

„Doch nicht etwa wieder vor dem Fiebermessen?"

„Doch."

„Du wirst mir doch jetzt nicht wieder so einen Aufstand machen wie neulich, als du nach mir getreten hast, das ist doch lächerlich. Außerdem ist die Frau Müller unten und macht sauber, du willst doch nicht, dass die so ein Drama mitbekommt, oder?"

Carlotta schüttelte stumm den Kopf. „Aber ich habe doch solche Angst!"

Ihre Mutter setzte sich zur ihr auf die Bettkante.

„Aber Kind, das kann doch nicht sein, du spürst es doch kaum, es ist doch nur ein Thermometer!"

„Ja, das weiß ich ja auch, aber ich habe dennoch so furchtbare Angst, dass ich denke, ich muss sterben!"

Sie begann zu weinen und voller Verzweiflung senkte sie ihren Kopf in ihre Hände, wohl wissend, dass es keinen Menschen gab, der ihre Gefühle mit ihr teilen und mittragen würde. Tief berührt von dem Schluchzen ihrer kleinen Tochter nahm Adelheid sie spontan in den Arm und drückte sie eng an sich. Das war etwas, das sie eigentlich sonst nicht tat, vermied sie doch den engen Körperkontakt zu ihrem Kind. Körperlichkeit mochte sie nun einmal nicht und hatte dies immer als etwas Unsauberes, Anrüchiges und Schmutziges empfunden hatte. Das wollte sie auf keinen Fall an ihr Kind weitergeben!

Nachdem sich Carlotta wieder etwas beruhigt hatte, fragte ihre Mutter sie: „Und was genau macht dir solche Angst?"

„Alles, einfach alles!", entgegnete Carlotta verzweifelt. „Ich habe doch schon solche Angst, wenn du das Thermometer schüttelst, damit das Quecksilber nach unten geht und…"

„Dann hast du das alte Thermometer also doch neulich kaputt gemacht und es ist nicht runtergefallen?"

Carlotta senkte betroffen den Kopf.

„Aber Carlotta, das geht dann doch zu weit! Quecksilberdämpfe sind hoch giftig! Meine Güte, du hättest doch mit mir reden können, ich bin doch deine Mutter! Wir können doch über alles reden, oder etwa nicht?"

„Nein, das können wir nicht!", hätte Carlotta am liebsten aus sich heraus geschrien. „Nein, du willst es doch gar nicht wissen! Du bist froh, wenn alles so bleibt wie es ist und er dich zufriedenlässt und die ganze Härte und Gemeinheit mit mir lebt! Du tust doch nur so, als ob du schläfst, wenn er nachts zu mir kommt und hörst einfach weg, wenn ich schreie!"

„Oder etwa nicht?", fragte ihre Mutter noch einmal.

Sie nickte stumm mit gesenktem Kopf und musste sich darauf konzentrieren, nicht heftig den Kopf zu schütteln.

„So ist es recht", sagte ihre Mutter leise, denn auch ihr war das Gefühl ihrer Tochter nicht entgangen. Sie wusste, dass es so viele Dinge gab, über die sie mit ihrer Tochter nicht reden wollte, Dinge, die sie gar nicht wissen wollte. Dinge, die Carlotta einfach ertragen sollte, so wie sie selbst auch ihr Leid ertrug und es mit niemandem teilte. Und selbst wenn sie gewollt hätte, sie konnte nicht, fühlte sie sich doch schon überfordert, ihr eigenes Leid zu ertragen. Wie sollte sie sich dann auch noch die Bürde ihrer Tochter aufladen?

Hätte sie gewusst, dass sie sich ihrer eigenen Bürde bewusst hätte machen können, indem sie die Bürde der Tochter gesehen und angenommen hätte; hätte sie gewusst, dass sie, wenn sie für ihre Tochter gekämpft hätte, letztendlich auch für sich und ihr verletztes inneres Kind gekämpft hätte, dann hätte sie sich vielleicht geöffnet und das zugelassen, wovor sie Augen und Ohren verschloss. Sie hätte ihre Tochter liebevoll in die Arme schließen und deren Gefühle als Spiegel ihrer eigenen annehmen können, um so nicht nur die Tochter vor weiterem Unheil zu bewahren, sondern auch für sich selbst ein Signal zu setzten, dass sie nicht mehr länger gewillt war, die Ungerechtigkeiten des Lebens wortlos hinzunehmen.

Und ja, sie hätte sich nicht strafbar gemacht, strafbar gegenüber ihrem Kind, für das sie verantwortlich war und das sie vor dem Leid hätte bewahren müssen, wenn sie nur den Mut und die Kraft gefunden hätte.

Denn wir scheitern nicht an den äußeren Umständen und Situationen, auch wenn es so scheint. Wir scheitern immer an uns selbst und dem, was wir als ungelöste Probleme in uns tragen und was uns daran hindert, das umzusetzen, was es umzusetzen gilt. In Wahrheit sind es die inneren Hürden, die Hürden aus Ängsten, die wir nicht zu überspringen wagen und so die äußeren für unser Scheitern und Zaudern verantwortlich machen. Schließlich ist es vermeintlich leichter, mit dem Finger auf etwas im Außen zu zeigen, als auf sich selbst.

So hätte sich Carlottas Mutter in dem Moment heilen können, indem sie die Hürde, bestehend aus Angst vor ihrer eigenen Kindheit und ihrem eigenen Schicksal, in Angriff genommen hätte. Sie hätte sich Hilfe holen können, um sich die Kraft geben zu lassen, die ihr selbst noch fehlte. Sie hätte endlich und für alle Zeiten ein neues Leben beginnen können und wäre nicht wieder und wieder ihrem Vater und Peiniger in Form ihres Ehemannes begegnet, der heute ihre Tochter missbrauchte wie damals auch sie missbraucht worden war und sie heute in die Rolle der wissenden und schweigenden Mitwissenden und somit Mittäterin drängte, die sie nie hatte werden und sein wollen und aus der sie sich, ähnlich wie ihre eigene Mutter, nicht befreien konnte.

Wie schmerzlich ist es schon, wenn wir vor einer Situation kapitulieren müssen! Doch wie unerträglich ist es, wenn wir feststellen, dass wir an uns selbst scheiterten, an uns, wo wir doch noch den Rest des Lebens mit uns selbst irgendwie auskommen müssen?

Oft können wir uns fortan nur hassen, genau wie wir unsere Mitmenschen hassen werden. Denn wie sollen wir lieben, wenn wir in uns und für uns selbst nur Hass empfinden?

Irgendwie schien Carlottas Mutter diesen Zusammenhang zu spüren und sie wagte sich ein kleines Stück weiter vor, indem sie all ihren Mut zusammennahm und ihre Tochter fragte: „Und wovor hast du noch Angst?"

„Ja, also vor dem Herunterschütteln des Thermometers, das ist so böse und macht mir Angst, diese Bewegung! Es ist, als würde man jemanden schlagen! Und dein Gesicht dazu", dachte Carlotta leise weiter, „das ist dann so verzerrt, wie wenn du mich hauen würdest, so voller Hass."

Denn vielleicht wurde der Hass ihrer Mutter, den diese sonst so gut zu verstecken wusste, genau in diesem Moment sichtbar, in dem sie, die sonst immer gefasst und ruhig in ihren Bewegungen wirkte, mit diesem Bewegungsmuster ihre Beherrschtheit durchbrach.

„Und dann habe ich Angst, wenn ich mich hinhocken muss, damit du mir das Ding reinsteckst, davor habe ich so furchtbar Angst, das tut mir so unendlich weh und auch wenn du Creme benutzt, es tut mir immer noch so weh und auch wenn du sagst, dass das Blödsinn ist, es tut mir eben furchtbar weh. Und dann möchte ich nur schreien vor Angst und ich habe Angst, dass mein Popo zerreißt und es fürchterlich blutet und ich nicht mehr auf Klo gehen oder sitzen kann wie neulich, als…

„Hallo!", rief ihre Haushaltshilfe von unten hoch, „sollen die Fenster in der Küche auch noch geputzt werden?"

„Ja, ja...", erwiderte ihre Mutter sichtlich verwirrt, „fangen Sie doch schon mal an, ich komme sofort."

Wie in Trance erhob sie sich, strich ihrer Tochter noch einmal über den Kopf, deckte sie zu und sagte: „Siehst du, mein Kleines, die Frau Müller braucht mich, ich bringe dir nachher noch deine Medizin und dann wirst du mir ganz schnell gesund!" Damit verließ sie das Zimmer, nicht ohne sorgfältig die Tür hinter sich verschlossen zu haben.

Carlotta lag da und fühlte sich so furchtbar einsam, so einsam, wie selten zuvor in ihrem Leben und gleichzeitig auch wieder stark, denn sie hatte das gesagt, was sie so sehr bedrückte und das hatte ihr, wenn auch nur eine klitzekleine, so doch eine Erleichterung verschafft. Für einen Moment, das hatte sie genau gespürt, für einen Moment hatte ihre Mutter gesehen, was sie so sehr bedrückte und ein klein wenig von ihrem Leid angenommen, wenn auch nur sehr wenig, wie ihr danach sofort bewusstwurde.

Sie war plötzlich müde, so unendlich müde, dass sie die Decke fester um sich schlang und fast augenblicklich einschlief.

Später, es mochten schon viele Stunden vergangen sein, als sie aufwachte, sah sie neben sich eine kleine gelbe Primel stehen, eine von denen, die sie doch so sehr mochte. Sie setzte sich auf und roch an der Pflanze, die so einen feinen, zart süßen Duft hatte und freute sich an der fröhlichen Farbe. Kurze Zeit später kam ihre Mutter ins Zimmer, in der Hand eine kleine Schachtel.

„Sieh mal, Carlotta, das ist ein neues Fieberthermometer, das legt man unter die Zunge und das tut auch gar nicht weh!" Triumphierend hielt sie das Thermometer in die Luft.

„Danke Mutti und auch danke für die schöne Primel."

„Ja, ich dachte, ich mache dir eine kleine Freude."

„Du Mutti...", Carlotta sah ihre Mutter flehend an.

„Ja."

Carlotta schwieg und es entstand eine lange Pause.

„Ja? Was ist denn? Du weißt doch, Papi kommt gleich zum Mittag und ich muss noch kochen, ist es denn etwas Wichtiges?"

Carlotta schüttelte den Kopf. Nein, was sollte es schon Wichtiges geben. Sie spürte wieder diese unendliche Einsamkeit in sich und gleichzeitig die aufsteigende Angst, denn gleich würde ja auch ihr Vater wiederkommen und sie hatte doch solche Angst vor ihm.

„Kannst du bitte die Tür offenlassen!", rief sie ihrer Mutter, die schon aus dem Zimmer gegangen war, hinterher.

„Ja, sicher, aber willst du denn nicht etwas Ruhe haben?"

„Nein, ich muss doch hören, was im Haus passiert, dann kann ich mich schon mal vorbereiten."

„Aber um Himmels Willen, was soll denn schon passieren und worauf willst du dich denn vorbereiten?"

Für einen kurzen Moment trafen sich ihre Augen und wie bei einer elektrischen Verbindung ein Funke überspringt, sprang auch hier ein Funke der Gefühle von Carlotta zu ihrer Mutter über. Sie konnte die Angst ihrer Tochter spüren, diese unendliche, fressende, immer präsente Angst, die sie so sehr hasste, die sie in den Wahnsinn trieb und die ihr treuester Begleiter seit ihrer frühesten Kindheitstage gewesen war und sie alles tat, um sie nicht spüren zu müssen. Ein leises Zittern machte sich in ihr breit und der Ring an ihrer Hand klirrte leicht auf der metallenen Türklinke. Ihr wurde schwindelig und es flirrte vor ihren Augen.

Gottverdammte Angst, gottverdammte Scheißangst!, schrie sie innerlich auf und beschloss, sich zu verschließen, noch einmal, wieder einmal, noch einmal mehr. Und vor allen Dingen vor diesem Kind, das immer wieder den Finger in ihre Wunde legte.

„Natürlich lasse ich die Tür auf! Erfreue dich an der Blume! Du weißt doch, Blumen vertreiben Kummer und Sorgen, das hat schon meine Mutter gesagt!", und eilte damit die Treppe hinab.

Doch manchmal schafft es nicht einmal die schönste Blume dieser Welt, unser Leid zu vertreiben. Ja, auch eine offene Tür reicht nicht aus, um uns vor dem Irrsinn, der über uns herein zu brechen droht, zu warnen. Eine Mutter, die geschwächt durch ihr eigenes Schicksal uns aus lauter Angst mit Ignoranz begegnet, ist ebenso wenig eine wirkliche Hilfe, weil sie lediglich darauf vertraut, das Unheil ungeschehen machen zu können, wenn sie selbst nur fest genug die Augen schließt.

So sind wir wieder einmal eingeladen, uns einmal mehr den Menschen zuwenden, die mit ihrer Angst, ihrer Unsicherheit, ihren Gefühlen uns wieder mit den eigenen Ängsten und Unsicherheiten konfrontieren und diese auslösen. Denn durch die Begegnung mit diesen Menschen können, sofern wir es zulassen, wir uns am klarsten unserer Schwächen und Ängste bewusstwerden. Sie sind es oft, die den tiefsten und vergessenen Winkel unserer Seele ausleuchten und das ans Tageslicht bringen, was wir schon längst aus unserem Leben verbannt und in die hinterste Ecke unseres Seelenkellers verschoben haben.

Wir sind eingeladen den Mut aufzubringen, uns ein kleines Stück zu öffnen, nur ein klein wenig, um Schritt für Schritt uns unserer größten Angst und Furcht in uns zu nähern. Denn je mehr wir diese Furcht erkennen, je mehr wir sie zu greifen wissen, je klarer sie in uns spürbar ist, desto mehr verliert sie ihren Schrecken. Denn alles, was im Dunkel verborgen liegt und bleibt, ist doppelt stark in seiner Negativität und Macht, denn so begegnen wir ihm als blinde, hilflose Wesen, voller Ohnmacht und Furcht, von ihm überrollt zu werden.

Wenn wir den Mut fänden, uns ganz für unsere Angst zu öffnen, die Angst unseres inneren Kindes, sie ganz in uns zuzulassen und sei es die Angst vor unserem eigenen Tod, dem Seelentod, dem seelischen Untergang, den wir vielleicht erleben mussten, dann können wir sicher sein, von keiner Angst in unserem Leben mehr wirklich überrollt zu werden. Denn was kann uns schlimmeres im Außen begegnen und auf uns zukommen als das, was wir nicht schon in uns tragen?

Ein Gesetz des Lebens besagt, dass wir nur das anziehen können, was in uns ist und uns im Außen nur das entgegentritt, was wir als Spiegelbild in unserem Inneren tragen.

So ist der, der sein Innenleben und die schwarzen Löcher und blinden Flecken seiner Seele erkennen konnte, gewappnet und gesegnet, denn er wird gelassen und souverän dem Angst machenden Auslöser begegnen können, hat er doch gelernt, mit ihm umzugehen, weil er ihn in seinem Inneren annehmen konnte. Er wird nicht erschrocken zusammenfahren und sich hilflos fühlen wie damals als kleines Kind, sondern aus sich heraus als gereifter Erwachsener reagieren können.

Wohl dem, der dieses Geheimnis des Lebens kennt und es auf sich anzuwenden weiß und mutig sich seiner Angst über die Menschen nähert, die diese Angst in ihm auslösen. Und sei es auch ein Annähern Schritt für Schritt, vielleicht mit einer helfenden Hand an der Seite, die ihn auffängt, sollte er stolpern oder droht, in die Knie zu gehen an dem, was er in sich entdecken wird.

Wie schrecklich ist doch das Leben, wenn es uns die Hölle in uns selbst widerspiegelt, Tag für Tag, Nacht für Nacht.
Und wie schön ist doch das Leben, wenn es uns den Himmel sehen lässt, weil wir die Hölle in uns bereits gesehen haben und lernten, mit ihr umzugehen! Weil wir „Ja" gesagt haben zu dem, was uns am meisten schmerzte, selbst wenn es Jahrzehnte zurücklag. Weil wir es annehmen und somit transformieren konnten. Und weil wir somit Raum schafften für alles das, was ein Leben schön und lebenswert macht.

Die Puppe Annika

In Carlottas Nachbarschaft, nur ein paar Häuser weiter, lebte die Familie Müller oder Meier, oder wie auch immer sie geheißen haben mochte mit ihren zwei Kindern, Hannes und Annika. Und eben diese Annika war Carlottas großer Sonnenschein. Carlotta war gerade einmal fünf Jahre alt, als Annika geboren wurde und selten hatte etwas so plötzlich und unverhofft so viel Licht und Freude in ihr Leben gebracht, wie eben diese kleine Anni, wie sie sie zärtlich nannte.

Warum Carlotta sie so sehr liebte, hätte sie auch nicht zu sagen gewusst, wenn man sie denn gefragt hätte. Aber es fragte ja eh keiner. Sie liebte sie nun einmal, so sehr und aus tiefstem Herzen, dass sie sogar ihre Lieblingspuppe irgendwann nach ihr benannte.

So hatte sie ihre geliebte Puppe Anni immer in greifbarer Nähe, denn die echte Annika wohnte ja einige Häuser weiter und schlief so viel, dass sie sie nur ganz selten besuchen durfte. Aus irgendeinem Grunde, warum auch immer, war es seitens der Erwachsenen nicht gerne gesehen, wenn Carlotta in überschwänglicher Freude dem Kinderwagen mit der kleinen Annika entgegenrannte, sich auf ihre Zehenspitzen stellte, um so einen Blick auf das Baby erhaschen zu können. Etwas Seltsames umgab das Baby, das spürte Carlotta auch. Nicht, dass es wirklich von dem Baby selbst ausging, sondern vielmehr davon, wie die anderen mit ihm umgingen, auch seine Mutter. Und vielleicht war auch das der Grund, warum Carlotta das kleine, in seinem Wagen meist still daliegende, Geschöpf umso mehr liebte, weil es von allen anderen zwar versorgt wurde, mehr jedoch nicht. Das spürte Carlotta intuitiv.

Annika hatte ein Geheimnis, das wusste Carlotta sofort, als sie zum ersten Mal nach ihren kleinen Händchen griff und die winzigen Finger sich reflexartig um ihren Zeigefinger krallten: Annika hatte an einer Hand sechs Finger. Fasziniert hatte Carlotta immer wieder die kleine Hand mit den sechs Fingern betrachtet und in die dunklen, sie magisch anziehenden Augen der kleinen Annika geschaut. Sie empfand das kleine Wesen als ein Wunder und ein klein wenig beneidet Carlotta Annika sogar dafür, dass sie so besonders war.

„Sieh mal, Mutti", hatte sie voller Freude und Erstaunen gerufen, „Annika hat mehr Finger als ich. Sie ist etwas ganz Besonderes!"

Eine betretene Stille war nach ihrem Ausruf eingetreten. Ihre Mutter räusperte sich verlegen, bevor sie sich beeilte zu sagen: „Ja, du hast Recht, sie ist etwas Besonderes!", wobei sich dieses „Besonderes" nicht gut für Carlotta anhörte. Doch sie fand in ihrer Freude über das kleine Wesen kein Ende und wieder und wieder drückte sie die kleinen Händchen und gab ihr liebevoll kleine Küsschen auf das zarte Gesicht, das ihr so unendlich fein und zerbrechlich vorkam, wie das eines Engels. Sie beschloss hier und jetzt, immer für die kleine Annika da zu sein, was immer auch geschehen möge.

Während des Abendessens erzählte ihre Mutter von dem nachmittäglichen Besuch und dass, nun ja, wie sollte man es nur sagen, das Neugeborene einen Gendefekt hätte, irgendein Syndrom, wie Carlotta es aufschnappte und dass da wohl mehr dahinter stünde, als man zugäbe und warum man so „etwas" nicht einfach abtriebe, anstatt mit solch einer Schande zu leben...

„Inzucht? Meinst du?", fragte ihr Vater, sichtlich nervös. „Das kann doch auch ganz andere Ursachen haben wie Umweltgifte zum Beispiel... Und vielleicht nimmt das junge Ding ja auch Drogen!"

„Nun ja, zu meiner Zeit wurde so etwas einfach anders gehandhabt, da wäre so etwas nie ans Licht gekommen..."

„Aber sie ist doch etwas Besonderes!", fiel Carlotta ihrer Mutter empört ins Wort.

„Und dann unsere Tochter mit ihrer vorlauten Art!"

Ihre Mutter hatte wieder diesen säuerlichen Gesichtsausdruck, der nichts Gutes verhieß und so beschloss Carlotta, fortan zu schweigen, auch wenn sie noch so viele Fragen gehabt hatte, die ihr niemand beantworten wollte.

Als sie schon im Bett lag, dachte sie noch darüber nach, warum um alles in der Welt man die kleine Annika nicht mochte und warum keiner sich über sie so sehr freute, wie sie es tat.

Als Carlotta am nächsten Tag ihre Mutter darum bat, ob sie Annika besuchen dürfte, bekam sie nur ein schlichtes Nein zu hören, aber eines von der Art, das kein Wenn und Aber zuließ. So saß sie nun in ihrem Zimmer, ihre Lieblingspuppe in den Armen und beschloss, sie fortan Annika zu nennen. Zärtlich drückte sie sie an sich und dachte an die kleine Annika, die alle Liebe dieser Welt verdient hatte.

Sie sollte die kleine Annika nie wiedersehen, denn ihre Mutter achtete streng darauf, dass sie keinen Kontakt zu der Nachbarsfamilie hatte.

Einige Zeit später war das Haus, in dem Annika in ihrer Wiege schlief, leer. Einfach so, von einem Tag auf den anderen, wie es schien. Als sie ihre Mutter fragte, wo Annika denn nun sei, antwortete diese fast wie erleichtert, dass die Müllers oder Schmidts oder wie sie auch hießen, umgezogen wären. Wohin? Das wüsste sie nicht und ob sie Annika wieder sehen würde auch nicht, wahrscheinlich nicht, nein, eher nicht...

Mit dieser Aussage schien für Carlotta eine Tür in ihrem Inneren zugefallen zu sein. Still ging sie auf ihr Zimmer, nahm Annika, ihre Lieblingspuppe, an sich, presste sie auf ihre Brust und fing bitterlich an zu weinen. Sie konnte gar nicht wieder aufhören und schluchzte in das weiche, wollige Haar ihrer Puppe hinein, die geduldig alle Tränen aufnahm.

Was es war, was sie so traurig machte, konnte sie nicht sagen. Sie fühlte sich einfach nur zutiefst in ihrem Herzen verletzt und konnte nicht anders als zu weinen, als wolle sie mit ihren Tränen den Schmerz aus ihrem Herzen herauswaschen und mit ihm die schicksalhafte Ahnung.

Manchmal blicken wir in solchen Momenten, ohne dass wir es wissen, über die Gefühle zu einem anderen Menschen in unsere eigene Zukunft, egal ob im positiven oder negativen Sinne.

Und obwohl Carlotta es nicht denken konnte, so spürte sie doch die Bedrohung und das Unheil, das sich am Horizont abzeichnete. Denn was würde sein, wenn sie als unfreiwillige Geliebte ihres Vaters irgendwann selbst ein Kind, ein ungewolltes „Etwas", zur Welt bringen würde? Eines, das sie nicht würde hassen wollen, aber auch nicht würde lieben können?

Das sonderbare Spiel

Carlotta hatte ein sonderbares Spiel, das sie selbst befremdlich und unheimlich fand und dennoch irgendwie immer wieder spielen musste. Und nachdem man es ihr verboten hatte, spielte sie es gedanklich weiter, um somit dem Ausdruck zu geben, was sie in sich an Erlebniswelten trug.

Es war ihr einfach so eingefallen, eines Tages, als ihre Freundin zu Besuch war und sie mit ihren Puppen spielten, sie mit ihrer Annika und ihre Freundin mit Finchen, die eigentlich offiziell Josephine hieß und eine ehrwürdige, alte Puppe noch aus Omas Zeiten war, mit einem Gesicht aus feinem Porzellan, gläsernen Augen und einem leicht geöffneten Mund, aus dem kleine, weiße Zähnchen blitzten. Carlottas Puppe dagegen war um einiges robuster, so, wie Carlotta selbst auch robuster im Vergleich zu ihrer Freundin war, die stets etwas leiser, etwas feiner, etwas zerbrechlicher wirkte als sie, die tollpatschig wie ein kleiner Bär daherkam.

Sie spielten also an diesem Nachmittag mit ihren Puppen, kleideten sie an und aus, bereiteten ihnen Essen zu und legten sie schlafen, als Carlotta plötzlich eine Idee kam.

„Wir spielen Hochhaus, sagte sie zu ihrer Freundin und war ganz aufgeregt.

„Hochhaus?", fragte diese verdutzt.

„Ja, komm mit!" Und schon hatte sie ihre Puppe gegriffen und den Arm ihrer Freundin dazu und zog sie mit.

„Das", erklärte Carlotta, als sie am Fuß der Treppe standen, die hinauf in den ersten Stock führte, „das ist das Hochhaus".

Etwas verwirrt stand ihre Freundin da. „Und was machen wir jetzt?"

„Jetzt spielen wir böser Mann. Der böse Mann kommt und reißt uns unsere Kinder aus den Armen und rennt mit ihnen die vielen Stufen hinauf bis auf das Dach des Hochhauses."

„Und dann?" Irgendwie schien die Freundin Carlottas Gedanken nicht folgen zu können.

„Na, wir laufen hinterher, wir sind doch die Mütter und wollen unsere Kinder schützen!"

„Ach so…"

„Also erst sind wir die Bösen, die uns die Kinder wegnehmen und sie vom Hochhaus werfen wollen und dann sind wir die Mütter, die Angst haben."

Gesagt getan und schon riss Carlotta unsanft das zerbrechliche Finchen vom Arm ihrer Freundin und warf ihr ihre Annika zu.

„Komm, wir müssen die kleinen Biester aufs Dach bringen, bevor sie zu schreien anfangen, denn ich hasse Babygeschrei!", rief Carlotta mit bedrohlicher dunkler Stimme und rannte los. Fast wäre dabei noch der zerbrechliche Kopf Finchens gegen das Treppengeländer geschlagen und zerbrochen, was das Spiel noch realer, aber vielleicht auch zu real gemacht hätte.

„Komm!", rief Carlotta ihrer Freundin zu, die etwas befremdet und unsicher unten stehen geblieben war. „Komm hoch, sonst findet dich die Mutter und du kommst ins Gefängnis!"

Als ihre Freundin oben war, viel zu spät, wie Carlotta fand, hieß sie sie an, die Puppe abzulegen und rannte dann wieder hinunter.

„Um Himmels Willen, sie haben mir mein Kind entrissen! So helft mir doch!", rief sie voller Verzweiflung, dass man hätte meinen können, es wäre kein Spiel, sondern Ernst. „Komm schnell, wir müssen den Dieben hinterher, damit sie unseren Kindern nichts tun!"

Sie rannte wie vom Teufel gejagt die Treppe hinauf, stolperte noch und stieß sich die Knie auf, schien davon aber keine Notiz zu nehmen.

„Sie kommen, sie kommen, schnell, wir müssen die Kinder loswerden!", rief nun der böse Dieb mit dunkler Stimme, griff nach der Puppe Annika und warf sie kaltblütig und unbarmherzig hinunter, die vielen Stockwerke des Hochhauses. Fast noch wäre Finchen hinterher geflogen, wenn da nicht ihr zerbrechlicher Porzellankopf gewesen wäre. Also entschloss man sich, die Puppe unten abzulegen und nur so zu tun, als wäre sie geworfen worden, denn es würde ein Donnerwetter geben. Immerhin war Finchen schon die Puppe der Oma gewesen und deutlich älter als sie beide zusammen.

„Und wie geht es jetzt weiter?", fragte die Freundin.

„Wir, also die Mütter, laufen hinunter, um zu sehen, wie es unseren Kindern geht!", und mit lautem Geschrei stürzte sich

Carlotta die Treppe hinunter, voller Angst, dass Annika ihr Leben verloren hätte, denn ein Sturz vom Hochhaus war schon etwas Schreckliches.

„Nein, nein! Tut es nicht!", hatte sie noch gerufen und doch hatte der böse Dieb gnadenlos und ohne auf sie zu hören die kleine, hilflose Annika gepackt und sie dem Tod geweiht. Und nun lag es an ihr, der Puppenmutter, sie zu retten oder das, was von ihr übriggeblieben war. Man wusste ja nicht, ob sie nicht bereits gestorben war. Aber oh Wunder, sie lebte!

„Meine liebe, liebe kleine Annika!", rief Carlotta, als sie sie kräftig geschüttelt hatte, um zu sehen, ob sie noch lebte. „Du musst leben, hörst du? Du darfst nicht sterben, du musst jetzt ganz tapfer sein und durchhalten! Schnell, ruft den Notarzt!", rief sie ihrer Freundin zu. „Mein Kind ist schwer verletzt und stirbt, schnell!"

Sie hatte sich neben ihre Puppe gesetzt, die mit verrenkten Gliedern am Boden lag. Fast hätte sie geweint, so sehr nahm sie dieses Spiel mit. „Du musst durchhalten, meine liebe, kleine Anni, du musst kämpfen und stark sein! Das sagt Mami auch immer zu mir, wenn es mir ganz schlecht geht und ich eigentlich gar nicht wieder die Augen aufmachen will, weil mir der Kopf so weh tut. Du musst durchhalten, es ist alles nicht so schlimm! Das sagt auch Papa, es gibt viel Schlimmeres als das, zum Beispiel vom Hochhaus zu fallen…"

Sie stockte. Irgendwie vermischten sich ihre Gedanken. Sie sah auf und blickte in die entsetzten Augen ihrer Freundin, die fast den Tränen nahe war.

„Ich mag das Spiel nicht!", sagte sie. „Ich mag so was nicht."

„Ich auch nicht!", entgegnete Carlotta. „Aber so ist nun einmal das Spiel und das muss eben so gespielt werden, ob man es mag oder nicht!"

„Aber ich mag nicht!"

„Du musst aber. Jetzt haben wir schon angefangen und wenn wir jetzt nicht in den Krankenwagen steigen, dann fährt er alleine ohne uns und wer passt dann auf unsere Kinder auf?"

„Was ist denn hier los?", erklang plötzlich die Stimme von Carlottas Mutter. „Warum weinst du? Ist was passiert?" Sie hatte Carlottas Freundin am Kinn gegriffen und dieses hochgehoben. „Habt ihr euch gestritten, ihr zwei?"

Carlotta schwieg und ihre Freundin auch.

„Das geht doch nicht, ihr seid doch Freundinnen!", tadelte sie. „Und warum habt ihr die Puppen auf den Boden geschmissen? Das gehört sich nicht!"

„Das ist alles Carlottas Schuld mit ihrem komischen Spiel!", brach es plötzlich aus ihrer Freundin heraus. „Ich wollte es gar nicht spielen und fast wäre dabei noch mein Finchen kaputtgegangen!"

„Stimmt das, Carlotta?", Carlotta zuckte zusammen und verkroch sich in sich, so, wie sie es immer tat, wenn sie keine Antwort wusste. Sie schwieg beharrlich.

„Wisst ihr was, ihr zwei kleinen hübschen Mädchen, wir werden jetzt etwas zusammen machen, was haltet ihr von Waffeln backen?"

„Oh ja!", rief Carlottas Freundin und folgte ihrer Mutter in die Küche. „Willst du nicht mitmachen, Carlotta?"

„Doch, ich komme gleich, ich bringe nur meine Anni ins Bett." Schnell griff sie ihre Puppe und rannte die Treppe hinauf in ihr Zimmer. Dort schloss sie die Tür, warf sich auf ihr Bett und weinte. Es war alles so schrecklich, so unendlich schrecklich und sie wusste gar nicht, wie sie es beschreiben und nennen sollte, außer dass es so entsetzlich war, dass es ihr fast das Herz zerbrach.

Und wie um dem Schmerz in sich Ausdruck zu geben, flüchtete sie sich in ihr Spiel und die Geschichte ihrer kleinen, armen, verlorenen, von bösen Männern geraubten Puppe, die man vom Hochhaus warf und niemand da war, der sie schützen konnte. Da fiel sie hinunter, die vielen, vielen Stockwerke und schrie so laut, dass es einem in den Ohren wehtat und schlug dann unten auf, um wie durch ein Wunder zu überleben. Tatütata kam der Krankenwagen und plötzlich waren viele Menschen da, die alle um sie herumstanden und ihr helfen wollten und ihre Augen nicht mehr verschlossen, war doch der Blutfleck auf dem Boden so groß, dass man ihn nicht einfach übersehen konnte.

„Sind Sie die Mutter dieses Kindes?"

„Ja", spielte Carlotta das Spiel in Gedanken fort.

„Ihre Tochter ist schwer verletzt und vielleicht wird sie sterben, so schlecht geht es ihr, sie muss sofort ins Krankenhaus!"

Tatütata fuhren sie ins Krankenhaus und sie saß zitternd neben ihrer Anni, betend, dass sie es schaffen würde. Doch Annika war in eine tiefe, tiefe Ohnmacht gefallen, aus der sie nicht so schnell wieder aufwachen würde. Das sagten auch die Ärzte und nur durch ein Wunder und unendlich viel Liebe würde sie zurückkehren in diese Welt. Es würde Wochen dauern, vielleicht sogar Monate und Jahre, in denen sie an Annikas Bett sitzen würde und sie bitten würde, doch wieder zurück zu kommen zu den Lebenden und aufzuwachen.

Carlotta musste wieder weinen, so sehr schmerzte ihre Seele, denn sie wusste, dass für sie niemand da war, der um sie weinte, der sie bat, wieder ins Leben zurück zu kommen, außer manchmal ihr Vater, wenn er wieder über sie hergefallen war und sie hart am Kopf geschlagen hatte, so dass ihr danach so übel und schwindelig war, dass sie die Augen nicht mehr aufbekam, obgleich sie es versuchte. Dann weinte er sogar manchmal und schien richtig Angst zu haben, denn er schüttelte sie und flehte sie an, doch endlich wieder die Augen zu öffnen.

Irgendwann öffnete sie dann auch immer die Augen, nur nicht mehr ihr Herz, das verschlossen blieb und sich abwandte von den Menschen, die ihr so schreckliches antaten. Ein Herz, das sich doch öffnen wollte, ist es doch die Natur der Herzen, offen zu sein, Liebe zu schenken und Freude zu empfinden und nicht ein trauriges Dasein verschlossen in sich selbst zu führen.

Carlotta wusste aus eigener Erfahrung, dass es nicht einfach werden würde, Annika dazu zu bewegen, wieder ihr Herz zu öffnen und sie war froh, nicht der Böse zu sein, sondern die liebende Mutter, die stets für sie da war und doch nichts ausrichten konnte gegen die Übermacht der Diebe, die ihr ihr Kind entrissen.

Sie dachte noch einmal über das Spiel nach, griff nach ihrer Annika und wusste nicht, ob sie sie schimpfen sollte oder lieb zu ihr sein. Sie hielt inne und überlegte.

„Du böses, kleines Flittchen!", entfuhr es ihr plötzlich, ohne wirklich zu wissen, was dieses Wort überhaupt bedeutet. „Du hast auch selber Schuld, wenn du immer so kokettierst, dann passieren eben diese Dinge und dann kannst du dich hinterher nicht auch noch beschweren!"

Hart waren diese Worte und noch härter die von ihr geführten Schläge gegen Annikas weiches Gesicht aus Stoff. Fast hätte sie ihr noch die Augen ausgekratzt, so viel Wut und Hass empfand sie auf einmal. Sie packte sie an den Haaren und riss an diesen, immer wieder und wieder. „Du bist auch selber schuld, du bist schuld, verstehst du das?!", herrschte sie die Puppe an. „Was machst du auch immer für Sachen!"

In einem finalen Akt griff sie die Puppe und schmiss sie voller Wut auf den Boden. „Du böses, böses Ding, es geschieht dir schon recht!"

„Carlotta, kommst du?", rief ihre Mutter von unten aus der Küche zu ihr hoch.

Carlotta hielt für einen Moment inne.

„Ja", bemühte sie sich mit fester Stimme zu sagen, „ich räume nur noch schnell auf!"

„Das kannst du doch auch nachher machen, komm runter, du hast Besuch!"

Das Spiel war noch nicht vorbei. Ihr Hals tat weh, weil sie gegen die Tränen ankämpfte, wie er immer wehtat, wenn etwas herauswollte, was nicht herausdurfte. Es schmerzte so sehr, dass sie plötzlich wieder weinte.

„Meine liebe, liebe Annika, was tun die Menschen dir an! Da schmeißen sie dich vom Hochhaus und werfen dich auf den Boden und reißen dir die Haare aus und dann wollen sie auch noch, dass du lustig und glücklich bist und sie ganz lieb hast! Komm her!", und sie bückte sich nach ihrer Puppe und schloss sie fest in ihre Arme. „Ich habe dich ganz, ganz lieb, so lieb, wie dich kein Mensch auf der Welt lieb hat und ich werde immer für dich da sein und auf dich aufpassen und kein Dieb wird je wieder an dich herankommen…"

Langsam beruhigte sich Carlotta, während sie ihre Puppe in den Armen hin und her wiegte und sich so ein Stück Liebe und Geborgenheit gab, jene Gefühle, die sie selbst so dringend gebraucht hätte und die sie sich, ohne es zu wissen, über ihre geliebte Puppe selbst gab.

Sie verstand auch nicht, warum sie solche seltsamen Spiele spielte und konnte es ihrer Mutter, die sie später darauf ansprach, nicht erklären. Es war einfach so, dass sie aus ihr herausbrachen, als hätte sie sie erlebt.

„Aber das ist doch absurd, niemand schmeißt Kinder vom Hochhaus!", hatte ihre Mutter eingewandt.

Das fand Carlotta auch, aber irgendwie war das Spiel nun einmal so. Es hätte auch anders sein können, aber das hätte noch viel mehr Ärger gegeben, zum Beispiel so, dass der böse Dieb des nachts an das Bett der kleinen Annika kam und ihr schlimme Dinge antat und sie, die Puppenmutter, es einfach nicht verhindern konnte, weil der Dieb so unendlich stark und böse war.

Ach, es gab so viele Geschichten, die in Carlotta ruhten und die irgendwie hinauswollten. Es gab so viel, was aus ihr herauswollte, Dinge, die sie nicht verstand, obwohl sie sie erlebte. Dinge, die man einfach nicht beschreiben konnte, weil sie so unbeschreiblich waren und Gefühle, die in ihr ein Eigenleben annahmen und vor denen sie so schreckliche Angst hatte, dass sie sie nicht ertrug. Gefühle, die sich in schrecklichen Albträumen zeigten oder in ihren Spielen, wo sie schnell zwischen den verschiedenen Rollen hin- und herspringen konnte und alles das nachfühlen, was sie ansonsten in der Realität nicht ertrug.

Als sie an diesem Abend in ihrem Bett lag, die Puppe Annika eng an sich gedrückt, hatte sie doch versprochen, immer auf sie aufzupassen, da dachte sie noch einmal über das Spiel nach und versuchte, es zu verstehen. Doch es gelang ihr nicht. Denn wie konnte ein Dieb so böse sein, die kleine Annika einfach von dem Hochhaus zu werfen?

Es gibt Dinge, die verstehen wir nicht und doch sind sie Teil unseres Lebens. Und es gibt Dinge, die ertragen wir nicht, weil sie keinen Ausweg zulassen. Und so verdrängen wir sie und verpassen ihnen ein neues Kleid und geben ihnen einen neuen Namen, damit wir an ihnen nicht verrückt werden und doch mit ihnen leben können, sind doch auch sie Teil unseres Lebens.

Und so verraten unsere Spiele und später unsere Phantasien, so grausam, unmenschlich, anrüchig oder pervers sie auch sein mögen, oft viel von dem, was in unserem Gefühl, in unserem Unterbewusstsein gespeichert ist. Oft sind dies verzerrte Bilder und Abbilder dessen, was wir aus unserem Gedächtnis strichen und das nun ein Dasein im Reich der Verdrängung führt, außerhalb unseres Bewusstseins. Es zeigt sich oft nur noch in dunklen, unverständlich scheinenden Bildern, die uns an das erinnern wollen, was Teil unseres Lebens und Teil unserer Wahrheit ist, so schmerzlich diese auch sein mag.

Wohl dem, der die Kraft findet, sich für diese dunklen Bilder in sich zu öffnen.

Und wohl dem, der die Angst vor diesen Bildern überwindet, auf dass sie nicht verzerrt unser Bewusstsein erreichen, sondern sich in ihrer ganzen schrecklichen Klarheit zeigen können, um angenommen und geheilt zu werden.

Und wohl dem, der nicht an sich selbst verzweifelt über das, was er in sich trägt an widersprüchlichen Gedanken und Gefühlen, sondern erkennt, dass es nur eine alte Gefühlsdatei ist, gewissermaßen ein Film dessen, was er erlebte und in sich abgespeichert trägt und dass nicht alles das, was er empfindet, wirklich sein Empfinden ist, sondern vielmehr auch das derjenigen, die Teil des Geschehens waren.

So tragen wir unsere Gefühle in uns, aber auch die Gefühle all derer, die uns umgaben. Und nicht selten erschrecken wir uns vor dem, was wir empfinden, weil es sich so absurd und fremd anfühlt und ja auch fremd ist, da es Emotionen sind, die wir zwar aufnahmen, die aber nicht die eigenen sind. So sind wir schockiert, wenn wir neben Abscheu und Ekel z.B. so etwas wie Erregung beim späteren Berichten über sexuellen Missbrauch empfinden. Wir verstehen nicht, dass es nur die Gefühle des Täters sind, die wir in diesem Moment größter Not aufnahmen. Gefühle, die er auf uns übertrug und die sich jetzt reaktivieren, nicht aber unsere eigenen sind.

Dies ist der große, hässliche „Trick" all derer, die Unrecht tun, dass sie ihre Gefühle auf ihre Opfer übertragen und ihnen somit den Eindruck vermitteln, dass sie es „wollten", dass es doch gar nicht so schlimm und vielleicht sogar „schön" war, weil sie selbst so empfinden.

Das Opfer jedoch steht unter Schock und ist gelähmt und empfindet oft nur Leere. Und was dann als dominanter Gefühlseindruck bleibt, ist die Perversion des Täters, der seine Handschrift in dem Opfer hinterlässt und es glauben lässt, Teil seiner Perversion zu sein und somit ebenfalls schuldig.

Diesen Mechanismus zu verstehen bedeutet für viele Betroffene, endlich Klarheit zu haben und zu wissen, dass sie weder schuldig sind, es weder „wollten" noch wirklich „mitmachten", sondern in diesem Schockmoment gefühlsmäßig das aufnahmen, was ihr Peiniger und Täter empfand.

Angst vor Menschen

„Ich habe Angst vor Menschen", stellte Carlotta eines Tages fest, als sie auf ihrem kleinen Rad Richtung Zuhause fuhr, ohne zu trödeln, wie sich verstand, denn schließlich mochte es Mutti nicht, wenn sie mit dem Essen warten musste. „Ich habe Angst vor Menschen", durchfuhr es sie noch einmal, „vor allen. Ich habe Angst vor meinem Klassenlehrer und vor den anderen auch, ich habe Angst vor Papi und vor Mami und überhaupt gibt es gar keinen, bei dem ich mich wirklich wohlfühle, einfach so, ohne zu denken, ohne aufpassen zu müssen, ohne mich zu verstellen, ohne komisch sein zu müssen…"

Insgeheim beneidete sie die anderen Kinder in ihrer Klasse, die einfach ungezwungen und ohne nachzudenken lebten, ihre Späße machten und frei und sorglos waren, ohne diesen stets suchenden und ängstlichen Blick, der das Schlimmste befürchtete. „Wie gerne", dachte sie bei sich, „wie gerne wäre ich einfach normal…" Sie erkannte, dass das einfachste der Welt, einfach normal zu sein, gar nicht so normal war. Zumindest nicht für sie.

Bei Mutti war sie die Brave, die immer half und ihr jeden Wunsch von den Augen ablas und für die sie alles in ihrer Kraft Stehende tat, damit es ihrer Mutti gutging, denn sie war die Einzige, auf die sie sich ein klein wenig verlassen konnte. Vor Papi hatte sie nur Angst, einfach nur Angst. Todesangst! Und mit allen anderen fühlte sie sich unwohl, in sich gefangen und stets ein wenig ängstlich und gereizt, immer auf der Hut, im rechten Moment fliehen und sich in sich verkriechen zu können.

„Nie kann ich ich selbst sein!", dachte sie und war erschrocken über diese Erkenntnis. Und plötzlich musste sie bitterlich weinen, während ihre kleinen Beine unermüdlich in die Pedale traten. Es war eine Erkenntnis, die mehr schmerzte als die Erkenntnis, dass Papi böse und Mutti blind und taub für sie war, schlimmer als die Tatsache, dass sie keine wirklichen Freunde hatte und stets in Angst lebte.

Und wo bin ich? Wann darf ich leben?

Und obwohl sie noch so klein war, formten sich diese Gedanken ganz klar in ihrem Kopf und Herzen, so klar, dass sie weder diese Erkenntnis noch das Gefühl dazu je vergessen würde. Denn ihr wurde in diesem Moment bewusst, dass sie ihres Lebens beraubt worden war, dass sie von klein auf in Rollen gedrängt wurde, die nicht ihrem wahren Gefühl entsprachen und sie selbst bei alledem auf der Strecke blieb.

Nur in ihrem Inneren, ganz tief versteckt und nur noch für sie greifbar, lebte sie weiter, in Unfreiheit, einem Gefangenen und Flüchtigen gleich, der Schutz hinter dicken, dunklen Mauern gefunden hatte, die ihm zwar Sicherheit gaben, ihn aber vom Leben und seiner Freiheit abschnitten. Es war der Tag, an dem sie bewusst den Einzug in ihr Seelengefängnis wahrnahm, der Tag an dem sie nicht mehr verleugnen konnte, dass ihr Leben kein Leben war und nur noch eine Maskerade darstellte, während sie selbst den Rückzug antrat in eine geheime, verborgene Innenwelt, in der sie zu überleben hoffte.

Als sie ihr Fahrrad im Schuppen verstaut hatte und die Tür öffnete, schlug ihr der typische Geruch ihres Hauses entgegen. Hier drinnen war es warm und roch nach Essen. Energisch wischte sie sich die Tränen aus dem Gesicht und wusste, dass es Zeit war, die kleine Carlotta ihrer Mutter zu spielen.

Es war, als würde sie eintauchen in eine andere Welt, die doch die ihre hätte sein sollen, in der sie sich aber fremd fühlte, war sie hier doch nicht wirklich willkommen, zumindest nicht als die, die sie wirklich war. Hier war sie „der kleine Schatz", „das Engelchen" oder „die Zuckermuschi" und „das Goldpopöchen".

Noch heute, wenn sie zurückschaut auf diesen Moment, läuft ihr ein Schauder über den Rücken und es ergreift sie eine unbändige Wut, denn niemand hat das Recht, einem anderen sein Leben zu nehmen, auch nicht das Gefühlsleben. Das Gefühl, sein eigenes, kostbares, heiß geliebtes Leben zu leben.

Und auch die Tatsache, dass die, die einen berauben, selbst Beraubte ihres eigenen Lebens sind, mag da nicht wirklich trösten, gibt es doch nichts, was so wertvoll ist, wie unser Leben! Und um nichts kämpfen und bangen wir so sehr wie um dieses!

Darum ist sie angetreten, das, was einst das ihre war, zurück zu erobern, obwohl sie sich auf dem langen Wege durch das Chaos und den Krieg fremder Gefühle fast aus den Augen verlor, wäre da nicht das stete Gefühl der brennenden Sehnsucht nach sich selbst gewesen. Es war der Ruf jener Seele, die immer noch verborgen im Inneren ihr Dasein führte, das kleine Kind, das einst den Rückzug in sein Asyl antrat, um nicht unter der Wucht der auf es einstürzenden Ereignisse zugrunde zu gehen.

Wie wäre ich wohl gewesen und geworden, wenn... stellte sie sich immer und immer wieder die Frage, denn als sie sich von der Welt verabschiedete, war sie ein Kind gewesen, das nur noch hin und wieder die Möglichkeit hatte, den dunklen Wänden seines Verlieses zu entfliehen, um für wenige Momente das Licht der Sonne genießen zu können.

Vielleicht ist das auch der Grund, warum sie es sich später zur Aufgabe machte, all jenen Menschen zu helfen, die wie sie ihr Leben verloren, obgleich sie weiterlebten und die ihre reine Liebe verkaufen mussten für ein paar lumpige Streicheleinheiten, die man doch als Kind so sehr brauchte, um zu überleben. Und so hilft sie heute all denen, die zu ihr kommen auf ihrer oft verzweifelten Suche nach sich selbst und über die sie jedes Mal ein Stück von sich selbst erkennen und zurück erobern kann. Denn über jeden Menschen, dem wir helfen, sich wiederzufinden, erhalten wir auch ein Stück von uns selbst zurück.

Und jeder Mensche, für den wir uns öffnen, so schwer es uns manchmal auch fallen mag, belohnt uns mit der Erkenntnis, dass wir uns wieder für uns öffneten, denn wo wenn nicht im Spiegel der Seele des anderen könnten wir uns selbst erkennen, bleibt uns doch oft der Blick in uns selbst verwehrt.

Wer dieses Geheimnis einmal durchschaut hat, der hat seine Lebensaufgabe gefunden. Denn ein Mensch, der auf dem Weg zu sich selbst ist, trägt als kostbarste Eigenschaft in sich das Stück des Weges, das er schon gegangen ist, das für andere, die diesen Schritt noch vor sich haben, wie ein Wegweiser ist auf ihrer oft beschwerlichen und langen Reise zurück zu sich selbst.

Jedes Mal, wenn Carlotta heute weint und der Schmerz über den damaligen Verlust ihrer selbst ihr fast das Innerste zerreißt, so ist sie doch auf sonderbare Weise glücklich dabei, liegt doch in dem Schmerz zugleich die Wiedersehensfreude und das unfassbare, lang herbei gesehnte Glück, sich wieder selbst spüre zu können.

Als „man selbst" durch sein eigenes Leben zu gehen.

Patience

Es gab einen Laden in der kleinen Stadt, in der Carlotta lebte, der besaß ein riesiges Schaufenster, zumindest riesig aus ihrer Sicht, wenn sie die Stirn gegen die Scheibe drückte, um die vielen Dinge, die dort kunstvoll ausgelegt waren, zu betrachten. Eigentlich war es kein besonderer Laden, ein kleines Schreibwarengeschäft, eines von der Sorte, in dem die bunten Bögen noch einzeln abgezählt wurden und ein älterer freundlicher Herr geduldig die Wünsche seiner kleinen Kundinnen entgegennahm, die von Oblaten, Bildern, über Poesiealben bis hin zu bunten Stickern reichten.

In diesem Schaufenster gab es nun ein kleines Kartenspiel, ein ganz normales eigentlich, das aber in seinem Format so klein war, dass eine Karte gerade einmal so lang war wie Carlottas kleiner Finger. Und eben dieses Kartenspiel war zu einem schönen Fächer gelegt worden mit all seinen Spielkarten.

Carlotta liebte dieses kleine Kartenspiel, das die ideale Größe für ihre Puppen besaß und doch ganz echt war, wie das der Großen. Wenn es nur nicht so viel gekostet hätte, sie hätte ihre Mutter gebeten, es ihr zu kaufen. Aber das war unmöglich, achtete ihre Mutter doch peinlich darauf, dass nicht zu viel Geld im Haushalt ausgegeben wurde und wenn, dann doch bitte für nützliche Dinge des täglichen Lebens und nicht für Tand, der über kurz oder lang in der großen Kiste auf dem Dachboden landen würde.

So stand Carlotta eines Nachmittags an der Hand ihrer Mutter wieder einmal vor eben jenem Schaufenster und betrachtete sehnsüchtig das kleine Minikartenspiel und stellte sich vor, wie sie damit spielen würde, hatte sie doch gerade von ihrer Lieblingstante gelernt, wie man Patiencen legte. Nun war sie ganz versessen darauf, die Karten in der Reihenfolge zu legen, wie es die Spielregeln vorsahen.

„Ach", sagte sie ganz gedankenverloren, mehr zu sich selbst als zu ihrer Mutter neben ihr, „ich hätte doch so gerne diese niedlichen kleinen Karten!". Sie seufze ein wenig und fuhr fort,

„aber ich weiß, es ist viel zu teuer und außerdem ist es nicht gut, so viel Geld für etwas Unsinniges auszugeben."

Und ohne eine Antwort abzuwarten, die sie sich ohnehin schon selbst gegeben hatte, um nicht den Schmerz der Ablehnung zu erfahren, wandte sie sich vom bunten Schaufenster ab, griff nach der Hand ihrer Mutter und zog diese mit sich, als hätten sie die Rollen getauscht.

Einige Wochen später war Carlottas Mutter zu einem längeren Kuraufenthalt abgereist und Carlotta musste allein zu Hause bei ihrem Vater bleiben. Ihr graute vor dieser Zeit, so sehr, dass sie nicht einmal darüber nachdenken wollte. stattdessen hatte sie beschlossen, überhaupt nicht mehr zu denken, sondern einfach nur vor sich hin zu leben, konnte sie doch eh nichts beeinflussen, geschweige denn verändern, was in ihrem Leben passierte. Außerdem, das hatte ihre Mutter extra so arrangiert, würde ihre Liebligs-Tante, bei ihnen übernachten, zumindest am Anfang. Carlotta hatte so lange gebeten und gebettelt, bis ihre Mutter eingewilligt und ihre Schwester gebeten hatte, für die erste Zeit bei Carlotta zu bleiben. Und wenn sie Glück hatte, so hoffte es Carlotta, würde sie bleiben, die ganze Zeit und vielleicht würde alles ja gar nicht so schlimm werden, wenn Tante Elisabeth da wäre und Papa unter Kontrolle hätte…

Nun war es Schlafenszeit und Carlotta saß in ihrem kleinen Nachthemd in ihrem Bett, während Tante Elisabeth ihr ordnungsgemäß die Haare für die Nacht zu einem Zopf flocht und Carlotta geduldig die Bürste in der einen und das Gummiband in der anderen Hand hielt, um es Tante Elisabeth im richtigen Moment zu reichen. Sie trug ihr Lieblingsnachthemd, das rosafarbene mit den kleinen Herzen drauf, das ihr Tante Elisabeth zum Geburtstag geschenkt hatte und das ihre Mutter nicht mochte, weil sie meinte, es sei zu aufreizend und würde nur provozieren. Kleine Mädchen trügen besser etwas Schlichtes und Einfaches, damit niemand auf dumme Gedanken käme. Carlotta wusste nicht so recht, was ihre Mutter eigentlich damit meinte, war es doch nur ein Nachthemd, aber dieser seltsame Unterton in der

Stimme ihrer Mutter reichte, um jedes Nachfragen zu unterbinden und ihr Gehorsam zu leisten.

Aber nun war ja Tante Elisabeth da, die ganz erstaunt war, dass das Nachthemd noch ganz frisch und neu im Schrank lag. Flugs hatte diese es herausgeholt und Carlotta angezogen. Mit einigem Unbehagen hatte Carlotta es angenommen, hatte sie doch noch die mahnende Stimme ihrer Mutter im Ohr, die nichts Gutes verheißen hatte. Nun gut, es war ja nicht ihre Schuld, sondern Tante Elisabeths, dachte sie noch und genoss auf ihrer Haut den weichen Stoff, der so schön kuschelig und samtig war, dass sie gar nicht genug davon bekommen konnte und ihr etwas Wärme gab, die sie sooft schmerzlich vermisste.

Nachdem ihre Tante das Licht gelöscht hatte und zu ihrem Vater ins Wohnzimmer gegangen war, rollte sich Carlotta in ihre Decke und strich zaghaft über den weichen Stoff ihres Nachthemds. Sie hätte für einen Moment zufrieden und glücklich sein können, wenn da nicht die Erinnerung an dieses seltsame Gefühl ihrer Mutter gewesen wäre.

Während sie sich so hin und her drehte, stieß sie plötzlich mit ihrer Hand auf etwas Hartes, das unter ihrem Kopfkissen lag. Sie tastete, konnte sich aber nicht erklären, was es sei, denn sie hatte hier nichts versteckt. Ihre Hand suchte nach dem Lichtschalter ihrer Nachttischlampe und siehe da, es war ein kleines Päckchen mit einer bunten Schleife! Was konnte das sein?

Neugierig öffnete sie die Schleife, strich behutsam das Papier glatt und zum Vorschein kam eine kleine rote Kiste. Sie hatte keine Idee, was darin sein könnte und so öffnete sie vorsichtig den Deckel. Es war – sie konnte es kaum glauben – das kleine Kartenspiel, das sie sich so sehr gewünscht hatte! Aber wie konnte das sein? Längst hatte sie den Wunsch und die Hoffnung aufgegeben, es jemals zu besitzen und war stets mit gesenktem Kopf an dem Schaufenster vorbeigegangen, nur um es nicht sehen zu müssen. Wer konnte das Päckchen dorthin gelegt haben? Tante Elisabeth? Aber nein, die wusste ja gar nichts davon. Also, nein, das konnte doch nicht sein! Doch, es konnte nur ihre Mutter gewesen sein, die um diesen Wunsch wusste!

Behutsam breitete sie die kleinen Karten aus. Sie rochen nach frischem Papier und die Ränder waren ganz scharf geschnitten. Sie betrachtete jede einzelne Karte, die Königin, den König, den Buben, das As und, ja, das Spiel war vollzählig, wie sie bald feststellte und genau so, wie sie es sich vorgestellt hatte. Ihr kleines Herz pochte vor Freude und ihr Gesicht war ganz rot vor Aufregung. Hätte sie jemand sehen können, ihm wären vermutlich die Tränen in die Augen gestiegen vor Betroffenheit ob der Tatsache, dass sich ein kleines Mädchen so sehr über etwas freuen konnte.

Es war eines der wenigen Male, das sie etwas geschenkt bekam, was sie sich von Herzen wünschte und was sie in selbigen berührte und das im Grunde genommen völlig unsinnig und überflüssig war, besaß die Familie doch bereits zwei Kartenspiele und was sollte da noch ein drittes? Aber irgendwie musste ihre Mutter ein Einsehen mit ihr gehabt haben oder hatte sie sich für einen Augenblick selbst in Carlotta wiedergefunden und dem kleinen Mädchen einen Herzenswunsch erfüllt, den ein erwachsener Verstand so vielleicht nicht nachvollziehen kann?

Schnell hatte Carlotta die vielen Karten gemischt und eine Patience gelegt und wieder und wieder und wieder, bis irgendwann Tante Elisabeth in der Zimmertür stand und verwundert nachfragte, was sie da treibe.

„Sieh mal, Tante", riefe sie „mein neues Kartenspiel!"
Tante Elisabeth betrachtete sie versonnen. „Aber Carlotta, es ist mitten in der Nacht und morgen musst du in die Schule!"

„Ja, aber sieh mal, die schönen Karten, Mutti hat sie mir unter das Kopfkissen gelegt und ich habe sie vorhin gefunden und gleich gespielt! Sieh nur, wie schön sie sind!", und sie gab ihrer Tante eine Karte in die Hand.

„Nun gut, dann lass mal sehen", antwortete diese und setzte sich zur ihr aufs Bett. „Hm, die sind wirklich schön, da hat sie dir ja eine richtige Freude gemacht."

Von nun ab spielte Carlotta jeden Abend vor dem Einschlafen mit ihren Karten, ihren eigenen, kleinen Lieblingskarten und ordnete sie anschließend liebevoll, damit sie wieder in der richtigen

Reihenfolge wären, um sie dann in dem kleinen Kästchen zu verstauen und den Deckel zu schließen.

Sie sollte noch oft mit diesem Spiel ihre Patiencen legen, das, wie sie erst später verstand, so viel wie „Geduld" bedeutete und sie oft mehrmals die Karten aufs Neue legen musste, bis das Spiel aufging. Und vielleicht übte sie auf diese Weise Geduld zu haben, Geduld mit dem Leben, das sie vor so harte Proben stellte, dass sie oft daran fast zerbrach und kein Ende ihrer Qual in Sicht war und sie vor allem eines braucht: Geduld, um nicht den Mut und die Hoffnung zu verlieren bis zu dem Tag, wo sie frei sein würde.

Bis zu diesem Moment der Freiheit hatte sie bereits jetzt etwas in ihren Händen, das ihr kleines Herz erfreute und wärmte. Ein kleines Geschenk von einem Menschen, der für einen kurzen Moment über seinen eigenen Schatten gesprungen war und ihr etwas geschenkt hatte, was aus seiner Sicht gegen sämtliche Prinzipien und Regeln verstieß, weil es in seinen Augen unnütz und unsinnig und heraus geworfenes Geld war.

In Wahrheit jedoch wog das Kartenspiel sein Gewicht in Gold auf, zeigte es seiner kleinen neuen Besitzerin doch, dass es noch Wunder gab in ihrem jungen und doch schon so gelittenen Leben, dass sich Träume und Herzenswünsche noch erfüllen konnten, auch wenn sie selbst schon die Hoffnung an diese aufgegeben hatte.

Und so sind wir eingeladen, feinfühlig und sensibel zu sein, wenn es um die versteckten Wünsche und Träume unserer Mitmenschen geht und uns für diese, auch wenn sie uns noch so unsinnig und sinnlos erscheinen mögen, zu öffnen. Denn oft verbirgt sich dahinter mehr als nur ein wie auch immer gearteter Gegenstand und erfüllen wir mit ihm mehr nur als einen Wunsch, sondern schenken vielmehr das Gefühl, den anderen in seinem Sosein zu sehen und wahrzunehmen, anzunehmen und zu bestätigen, vielleicht ohne ihn wirklich zu verstehen und sein Gefühl zu teilen, wohl aber in dem Gefühl, etwas zu schenken, was sein Herz erfreut und höherschlagen lässt.

Ich denke, nur für diesen Augenblick allein lohnt es sich schon, über seinen Schatten zu springen und den Anderen zu beschenken.

Mit dieser Geste beschenken wir letztendlich auch uns selbst, indem wir die Grenzen unserer Gefühlswelt überschreiten und unser Beschränktheit erweitern, um so auch für uns selbst mehr Raum und Freiheit zu erhalten.

Vielleicht können wir somit auch wieder selbst unsere eigenen Herzenswünsche deutlicher spüren und finden den Mut, uns zu ihnen zu stellen. Vielleicht treffen wir dann auf einen Menschen, der uns hilft, diese Wünsche zu verwirklichen, wenn wir allein selbst noch nicht den Mut oder die Kraft dazu gefunden haben.

Topfschlagen

Es war wieder einmal Kindergeburtstag und alle gingen hin. Diesmal ging auch Carlotta, die im Grunde genommen nicht sehr beliebt bei ihren Klassenkameraden war. Sie war so schweigsam und wirkte oft etwas sonderbar. Carlotta hatte immer ein wenig Angst vor diesen Festen, konnte sie doch nie richtig mitlachen und lustig sein, so, wie es ihren Freunden scheinbar mühelos gelang.

Immer, wenn sie aus ihrem gewohnten Rahmen, der sich auf zu Hause, Schule und einige wenige andere Aktivitäten beschränkte, heraustrat, wurde sie unsicher, hatte sie doch die Erfahrung machen müssen, dass alles Neue und Fremde irgendwie angstmachend und gefährlich war. Außerdem brachte eine neue Situation es immer mit sich, dass Carlotta aus ihrer gewohnten Deckung heraustreten und sich dem Leben stellen musste, einem Leben, dem sie mit ihren geschlagenen Seelenwunden oft hilflos gegenüberstand.

So ging sie auch diesmal wieder mit gemischten Gefühlen zu dem bunten Fest, frisch gewaschen, frisiert und in einem adretten Kleidchen und in den Händen ein Geschenk, was sie im Grunde genommen auch gerne einmal selbst erhalten hätte. Aber sie selbst feierte nie ihren Geburtstag, zu viel Angst machte ihr alles das, was hier passieren konnte. Außerdem war Mutti ohnehin immer überfordert und am Ende ihrer Kräfte und Nerven und wer wollte ihr da noch die Last und Organisation eines solchen Geburtstages aufbürden?

Heute saß sie, gewissermaßen als Ehrengast zweiten Ranges, zwei Plätze neben dem Geburtstagskind, denn direkt neben diesem saßen schon die besten Freundinnen und sie als die Tochter der besten Freundin ihrer Mutter eben auf dem Platz daneben. Sie aß brav ihr Stück Kuchen und nahm schüchtern noch einen Negerkuss, den sie eigentlich nicht mochte, aber er stand nun einmal direkt vor ihr und so musste sie nicht weiter fragen, denn gerade hier und heute fühlte sie sich besonders schüchtern und unsicher, wie immer, wenn viele Menschen laut durcheinanderriefen und sie das Gefühl hatte, in dem

Durcheinander der Stimmen und Gefühle den Halt zu verlieren und unterzugehen.

Nach dem Kaffeetrinken aber begann erst der eigentliche Horror und sie stellte sich erst einmal etwas abseits, um wie aus sicherer Entfernung alles zu beobachten, immer noch den Negerkuss in ihrer Hand, an dem sie sich festkrallte.

Die Spiele, die hier gespielt wurden, bereiteten ihr eine furchtbare Angst und das obwohl sie wusste, dass das eigentlich Unsinn war. Da gab es zum Beispiel das Spiel „Blinden Kuh", bei dem einem Freiwilligen die Augen verbunden wurden, um dann einen aus der Gruppe zu fangen. Es ging wie immer drunter und drüber und Carlotta hielt sich so gut es ging abseits des Geschehens, um bloß nicht gefangen zu werden, denn der, der von der „blinden Kuh" gefangen wurde, musste anschließend von ihr identifiziert werden und wenn dies gelang, war eben dieser die nächste „blinde Kuh".

Carlotta konnte nicht verstehen, wie um alles in der Welt den anderen dieses Spiel so viel Freude bereiten konnte, gab es für sie doch nichts Schlimmeres, als die Augen verbunden zu bekommen und wild im Kreis laufend die Orientierung im Raum zu verlieren. Bei dem Gedanken daran wurde ihr schon ganz schlecht vor Angst und sie lief schnell ins Bad, um sich hier zu verstecken, das dritte Mal bereits. Sie stellte den halb geschmolzenen Negerkuss auf die Waschbeckenkante und öffnete den Wasserhahn, um sich die Hände zu waschen.

Ein seltsamer Geruch lag im Bad, es roch irgendwie sauber, nach Seife und fremden Waschmitteln. Langsam machte sie den Badezimmerschrank auf um nachzusehen, was in ihm war, denn irgendwie musste sie ja die Zeit rumkriegen. Zwischendurch betätigte sie die Spülung, um keinen Verdacht aufkommen zu lassen, griff dann irgendwann zu dem Negerkuss und verließ leise das Badezimmer.

„Ist alles in Ordnung bei dir, kleine Maus?", fragte sie besorgt die Mutter des Geburtstagskindes.

„Mir ist schlecht!", gab Carlotta spontan zur Antwort, was nicht einmal gelogen war. Ihr war schlecht vor Angst.

„Da hast du wohl zu viele Negerküsse gefuttert, was? Gib mal den hier her, der ist ja schon ganz matschig. Willst du denn nicht mit den anderen spielen?"

Carlotta schüttelte vehement den Kopf.

„Nanu?", fragte die Mutter erstaunt. „Na denn, dann setz dich doch auf die Couch, ich bringe dir gleich einen Kamillentee für deinen Bauch."

So war Carlotta erst einmal gerettet und saß mit einer Decke um die Schultern auf der weichen Ledercouch. Nur der Kamillentee erinnerte sie an ihr Erbrechen, wenn sie wie so oft vor Übelkeit irgendwann nachts Papis weißes Zeug aus sich heraus würgte und diesen ekelhaften Geschmack von Pipi und Kacka. Mutti machte ihr dann immer einen Kamillentee, natürlich ohne Zucker, denn sie hatte sich ja schon die Zähne geputzt.

Und eben jener Geruch von dampfenden Kamillentee stieg ihr jetzt in die Nase und am liebsten hätte sie einfach nur geweint ob der Traurigkeit, die in ihr aufstieg und der Fröhlichkeit aller anderen, die sie nicht teilen konnte, weil der Schmerz ihrer verletzten Seele zu schwer wog, als dass sie ihn hätte einfach zur Seite stellen und mitlachen können.

Oft sind es gerade die vermeintlich glücklichen Momente, in denen wir auf das Leid, was wir in uns tragen, zurückfallen. Das Lachen der anderen, das bei uns eine tiefe Traurigkeit auslöst, die Leichtigkeit des Lebens, die uns zeigt, wie unbeweglich und starr wir in unseren Fesseln sind und der erste warme Frühlingstag, den wir nicht genießen können, weil wir durch ihn den Winter unseres erkalteten Herzens spüren.

In der Zwischenzeit waren einige Spiele gespielt worden und nun kam es zum Höhepunkt, dem so genannten Topfschlagen. Hierzu wurden wieder einem Freiwilligen die Augen verbunden und er wurde im Kreis gedreht, bis ihm ganz schwindelig geworden war und er nicht mehr wusste, wo er sich im Raum befand. Währenddessen war ein Topf, unter dem sich ein kleines Geschenk befand, im Zimmer versteckt worden, den der Freiwillige finden sollte. Dazu wurde dem mittlerweile auf dem Boden Krabbelnden ein Kochlöffel in die Hand gedrückt, mit dem er wild auf dem Boden klopfend durch „Heiß-" und „Kalt"-Rufe seiner Kameraden angefeuert wurde.

Seltsam, dachte sich Carlotta wieder, warum die alle keine Angst haben und auch nicht ihre Freundinnen, bei denen man sogar die Unterhose sehen konnte, wenn sie in ihren kurzen Röcken auf dem Boden herumkrabbelten. Carlotta war beschämt und blickte sich voller Angst um, um festzustellen, ob außer ihr auch noch jemand sah, was hier passierte. Aber dem war nicht so.

Sie seufzte, es waren zum Glück keine Männer da. Sie hasste Männer und hatte furchtbare Angst vor ihnen. Immer, wenn eines dieser Geschöpfe in ihrer Nähe war, empfand sie eine tiefe Unsicherheit, Angst und Beklommenheit, die ihr die Kehle zuschnürte.

Kaum hatte sie den Gedanken gedacht, da ging auch schon die Tür auf und herein kam der Vater des Geburtstagskindes mit seiner Aktentasche unter dem Arm. Ein großes Hallo und Carlottas Herz rutschte noch ein Stück tiefer.

Was würde wohl passieren?

Sie ließ ihn nicht aus den Augen, so, wie sie es zu Hause bei ihrem Vater auch nicht tat, denn, so hatte sie die Erfahrung gelehrt, dass es immer besser ist, auf alles vorbereitet zu sein. Nichts war schlimmer, als wenn dich der Blitz aus heiterem Himmel trifft und du keine Zeit hattest, dich auf das Hinrichten vorzubereiten.

So wie neulich, als sie für einen Moment gedankenverloren in der Badewanne gesessen und den Schaum genossen hatte. Plötzlich war ihr Vater zum Pinkeln hereingekommen und sie konnte sich vor Schreck gar nicht so schnell „dicht machen" und sich innerlich verschließen. Ganz verschämt hatte sie auf das Badewasser geschaut, während er das große, dicke Ding aus der Hose holte, sich breitbeinig vor das Klo stellte, los strullte und dann langsam fast bedächtig wartete, bis auch der letzte Tropfen abgetropft war, um sich umständlich das Ding zurück in die Hose zu stopfen.

Ob er gleich gehen würde, hatte Carlotta noch gedacht? Aber nein, er war nicht gegangen, sondern hatte sich zu ihr an die Wanne gehockt.

„Soll ich dich ein wenig einseifen?"

Sie hatte energisch mit dem Kopf geschüttelt.

„Na, dann gib mal die Seife, ach ja, hier ist sie ja schon", und schon waren seine Hände über ihren ganzen Körper geglitten und natürlich und vor allen Dingen an ihrem Po und vorne, wo ja eigentlich keiner anfassen durfte, wie Mutti es ihr gesagt hatte.

„Steh doch mal auf", hatte er noch gesagt mit dieser seltsam belegten Stimme, um ihr anschließend lange und ausgiebig die „kleine Muschel", wie er ihr Geschlecht nannte, zu waschen und allerlei Witze machte über Muschis und Muscheln und den Geruch von Meer und dabei so komisch grinste. Er hatte sie noch geküsst, immer wieder und wieder, auf ihre Muschel, die so seidig und glatt war, ganz ohne Haare, wie er begeistert bemerkte. Und dann hatte er sie gebeten, sich doch umzudrehen, um ihm ihren kleinen Knackpo zu zeigen, damit er einmal nachschauen könnte, ob er denn auch ganz sauber sei. Und gerade, als sie, wie ihr befohlen, die Backen auseinandergezogen hatte, damit er alles sehen konnte, war die Tür aufgegangen und Mutti war reingekommen.

Das hatte ein Donnerwetter gegeben.

„Reg dich doch nicht so auf! Carlotta hatte mich einfach nur gebeten, sie einzuseifen!", hatte er sich verteidigt.

„Aber das hatte ich doch schon gemacht", hörte sie ihre Eltern im Flur vor dem Bad diskutieren.

„Ach so, das wusste ich doch nicht, davon hat sie nichts gesagt", gab ihr Vater unschuldig zur Antwort. „Sie sagte nur, sie hätte dort unten eine komische Stelle und, nun ja, das hat mich dann auch gewundert und ich dachte mir: da schaue ich besser mal nach."

„Ja, aber das hätte ich doch genauso gut machen können. Bitte Karl, merkst du denn nicht, dass sie dich provozieren will?"

„Mich provozieren?"

„Ja, natürlich, sie kommt doch jetzt langsam in das Alter, du weißt schon und da sieht sie dich halt mit anderen Augen. Du weißt doch, die Sache mit Freud und so, was ich dir neulich erzählt habe, wenn die Tochter ihren Vater heiraten will."

„Ach ja, ja, ich erinnere mich", gab dieser schnell zur Antwort, „aber du meinst doch nicht, dass unser Carlottchen... Nein, das ist doch Unsinn, sie ist doch erst sieben. Aber gut, wenn du meinst", versuchte er noch seine Frau zu beschwichtigen.

Verletzt und schockiert hatte sich Carlotta wieder in die Wanne gesetzt, während ihre Eltern ins Schlafzimmer gegangen waren, um, wie ihr Vater ihr einmal erzählt hatte, Liebe zu machen. Nein, wahre Liebe war es nicht, hatte er Carlotta schnell versichert, denn er liebte ja nur sie, aber hin und wieder müsse er sich eben auch mal um Mutti kümmern, damit sie keinen Verdacht schöpfe und ihr mal seinen „Langen" ausleihen, damit sie nicht nur ihr Latexding zu spüren bekam.

Das alles hatte Carlotta jedoch nicht richtig verstanden und so verstand sie auch nicht das hysterisch überdrehte Lachen ihrer Mutter, das aus dem Schlafzimmer ihrer Eltern drang und ihre verhaltenen Drohungen ihrem Mann gegenüber, er möge es doch ruhiger angehen lassen und verdammt noch mal die Tür schließen, damit Carlotta das alles nicht mitbekäme.

Doch, das wollte er ja gerade, das wusste Carlotta. Er wollte, dass sie alles mitbekäme, um ihr zu zeigen, dass er die Macht hatte und zwar die alleinige und dass er Mutti lenkte und steuerte, wie er es für richtig hielt.

Und jetzt kam auch schon der Vater des Geburtstagskindes aus dem Esszimmer mit einem Stück Kuchen und setzte sich zu Carlotta auf die Couch.

„Was ist denn mit dir?", fragte er Carlotta erstaunt. Doch Carlotta konnte ihm nicht antworten, kreidebleich senkte sie den Blick und ihr war wieder so übel vor Angst. Schnell stand sie auf und floh auf die Toilette, um dort erst mal hinter sich abzuschließen. Zum Glück gab es einen Schlüssel. Dann betätigte sie die Spülung. Das tat gut, irgendetwas zu machen. Sie probierte die Zahnpasta, es gab zwei Tuben, eine war wohl für Kinder und die andere, die so scharf schmeckte, für Erwachsene.

Es klopfte an der Tür und man fragte, ob es ihr auch gut ginge. Schnell legte sie die Tube weg, spülte noch einmal und verließ das Badezimmer.

„Komm, Carlotta", sagte die Mutter freundlich und geradezu zärtlich zu ihr und nahm sie an die Hand, „du willst doch bestimmt auch dein Geschenk haben, oder nicht? Alle Kinder haben schon Topfschlagen gespielt, nur du noch nicht."

Voller Angst blieb Carlotta stehen. „Nein!", brachte sie mühsam aus sich heraus. „Nein, ich will nicht!"

„Du willst nicht?". Erstaunt hielt sie inne. „Ach ja, stimmt, das war doch letztes Jahr auch schon so mit dir. Du hast Angst, nicht wahr?"

Carlotta nickte beschämt, denn nun sahen alle zu ihr. Am liebsten wäre sie vor Scham im Boden versunken.

„Aber wovor hast du denn Angst, es passiert doch gar nichts?"

Carlotta schaute wieder auf ihre Schuhspitzen und wünschte sich weit, weit weg von hier.

Alle schienen betroffen zu sein, denn ausnahmsweise lachte mal keiner über sie.

„Wovor hast du denn Angst?", fragte die Mutter erneut.

„Vor der Dunkelheit", stammelte Carlotta und hoffte, dass man sie mit dieser Antwort zufriedenlassen würde und dachte weiter: „Vor der Dunkelheit und davor, dass ich nicht weiß, wo ich bin und was mit mir passiert und wem die Hände gehören, die mich anfassen, überall und mir wehtun und mir die Beine auseinanderziehen und…"

Und die Bilder zogen wieder an ihrem inneren Auge vorbei, jene schrecklichen Gefühle, die sie nicht aushielt, so furchtbar waren sie. Nur dieses leise Stöhnen hatte sie gehört und die Hand auf ihrem Mund und ihre Hände hatte sie auch nicht bewegen können. Panik hatte sie gehabt und sie merkte, wie ihr auch jetzt der Schweiß auf die Stirn trat und ihr ganz heiß und kalt zugleich wurde. Alles begann, sich um sie herum zu drehen, wie in jener Nacht, wo sie plötzlich aufgewacht war und nichts hatte sehen können außer Schwärze. Als sie die Augen zu öffnen versucht hatte, war alles schwarz geblieben, als wäre sie blind. Erst dann hatte sie verstanden, dass ihre Augen verbunden waren.

Dann plötzlich dieses Gefühl zwischen ihren Beinen, das sie ja schon kannte, dieses warme, dicke Ding, das in sie einzudringen versuchte, hinten, vorne, oben, überall. Schillernde Farben hatte sie vor ihren Augen gesehen, so wie es immer passierte, wenn sie alles nicht mehr ertrug und die Ohnmacht nicht kommen wollte. Hände überall, der gellende Schmerzen, der Gestank, die Angst, die leise zischende Stimme, der Schutzengel, der ihr nicht half, sondern mal wieder weit weg war, die Angst so groß, der Schmerz, das Stöhnen, kopfüber mit dem Mund auf dem Kissen, so dass sie keine Luft bekam, das Rammen und Schlagen, bis sie sich fast übergeben hätte...

„Was du nicht siehst, das kriegst du auch nicht mit", war ihr noch der Satz ihres Vaters eingefallen, der ihr erklärt hatte, warum man den Kühen beim Schlachten einen Sack über den Kopf zog. „Damit sie stillhalten und nicht weglaufen. Außerdem merken sie dann von allem nichts und leiden nicht so!"

Das war es also gewesen. Wie ein Puzzle formten sich die Gedanken im Kopf zu einem Ganzen.

„Sie kann den Topf ja einfach ohne verbundene Augen suchen", drang plötzlich die Stimme eines Jungen zu ihr durch.

„Aber dann ist es ja kein Spiel", wandte ein anderer ein.

„Ich habe eine Idee", sagte die Mutter geheimnisvoll und wollte Carlotta das Tuch um den Kopf binden.

„Nein!", rief Carlotta energisch und riss es sich herunter. Als sie jedoch merkte, wie erschrocken alles dreinblickten, sagte sie schnell: „Okay, aber nicht drehen, mir wird davon schlecht!"

„Also ohne Drehen!"

Nun war es also so weit: Carlotta sah nichts mehr, es war ganz dunkel. Schnell griff sie sich mit der Hand an die Augen, um das Tuch ein wenig zu verschieben, so wie sie es oft bei ihrem Vater tat, wenn er ihr die Augen mit Muttis Seidenschal verband, weil es so schöner für sie beide sein würde, wie er meinte und sie es immer heimlich ein wenig zur Seite schob, um etwas sehen zu können.

Sie hasste es, wenn er einfach so ganz schnell in sie eindrang und sie nicht darauf vorbereitet war, weil es dann doppelt schmerzte und sie nicht anspannen konnte, denn manchmal brauchte er auch länger und spielte stundenlang an ihr und sich herum. Dann wieder ging alles ganz schnell und sie konnte sich gar nicht so schnell verschließen, wenn er in Aktion trat.

Manchmal ist der Tod und Seelentod leichter zu ertragen, wenn wir ihm ins Auge blicken und ihm bei seinem Handeln zuschauen können, haben wir doch so das Gefühl, ein klein wenig Kontrolle über uns und unser Leben zu behalten und sei es auch nur, dass es unsere Entscheidung bleibt, ob wir die Augen geöffnet oder geschlossen haben wollen. Viel ist das nicht, aber für einen Menschen, der alles verlor und sich und seinen Körper aufgeben musste, kann dies schon sehr viel sein, eine Entscheidung, die ihm das Gefühl gibt, noch ein Mensch zu sein und kein lebendiger Toter, den die Würmer zerfressen und sei es in Form eines großen, weißen Wurmes, der in ihre Körperöffnungen eindringt, um sie von innen auszuhöhlen.

Carlotta hatte für sich festgestellt, dass alles erträglicher war, wenn sie es mit ansah, zumindest immer dann, wenn sie sich nicht in die weißen Schwingen ihres Schutzengels flüchten konnte, weil er mal wieder nicht da war und sie allein auf sich gestellt nicht in das Reich der Phantasie flüchten konnte, sondern mit der harten Realität klarkommen musste. Und da war es eben manchmal besser, die Schweißperlen auf seiner Stirn zu beobachten oder das Spiel seiner Muskeln oder die Zunge, die ihm aus dem Mund hing, weil er sich so anstrengte oder den fauligen Atem zu riechen – alles hinter dem fein duftenden Seidentuch von Mutti und gegen seinen Willen, denn er wusste ja nichts davon, dass sie ihn beobachtete.

„Also nur ein bisschen drehen!" Die Kinder drehten Carlotta ganz langsam und sie schielte durch das Tuch. Irgendjemand schien ihren Trick durchschaut zu haben.

„Du luscherst ja!" Und schon wurde das Tuch zurechtgerückt und viele kleine Augenpaare beobachteten jede ihrer Bewegungen, so dass an Schummelei nicht zu denken war.

Fieberhaft überlegte sie, wie oft sie schon gedreht worden war und wo was im Zimmer war, doch bevor sie sich noch orientieren konnte, wurde sie schon auf den Boden gezogen und ihr der schwere Holzlöffel in die Hand gedrückt. Sie hasste diese Position auf allen Vieren, konnte sie doch so ihren Popo nicht schützen und wer weiß, was man jetzt alles, wo sie ja nichts sehen konnte, mit ihr anstellen würde.

„...Denn wer nichts sieht, der merkt auch nichts. Und alles, was passiert, wenn es dunkel ist, davon bekommst du nichts mit, das ist nie passiert, niemals, niemals, niemals...!", hörte sie das Echo der Stimme ihres Vaters in ihrem Kopf.

„Hypnose", hatte Mutti doch neulich noch am Tisch erklärt, nachdem sie von diesem Psychokurs am Wochenende nach Hause gekommen war, brächte Menschen dazu, Dinge zu tun, von denen sie hinterher nichts mehr wüssten. Mutter wusste von fremden Mächten und allen möglichen Dingen zu berichten, die Carlotta nicht verstanden hatte und ihr Vater wohl auch nicht, zumindest nur halb.

„Los, du musst suchen!", riss eine Stimme Carlotta aus ihren Gedanken. Sie bekam es plötzlich wieder mit der Angst zu tun. Sie klopfte mit dem Löffeln auf dem Boden, während alles um sie herum „heiß, kalt, heißt, kalt" durcheinander zu brüllen schien. Gerade in dem Moment, wo sie die Panik einholen wollte, riefen alle: „Heiß! Heiß!", und sie fasste Mut und klopfte auf den Knien robbend weiter, immer den Rufen ihrer Kameraden folgend.

Plötzlich hatte sie keine Angst mehr und wusste ganz tief in sich, dass alles in Ordnung und dies nichts Schlimmes war. „Heiß! Heiß!" riefen sie und da schlug sie auch schon mit dem Löffel auf den Topf. Schnell zog sie sich das Tuch vom Kopf, hob den Topf hoch und griff sich ihr kleines Geschenk.

Alle lachten und klatschten. Zum ersten Mal hatte Carlotta auf einem dieser Kindergeburtstage das Gefühl, dazu zu gehören und glücklich zu sein. Stolz hob sie das kleine Geschenk hoch und für einen Moment war sie eines der Kinder, die unbeschwert den Geburtstag eines Klassenkameraden feierten und sich über seinen Preis freuten.

So wissen wir nie, welches dunkle Geheimnis unsere Mitmenschen in sich tragen und was sie dazu bewegt, so zu handeln und sich so zu verhalten, wie sie es tun. Und wir tun gut daran, sie nicht dafür zu verurteilen, auch wenn uns ihre Ängste absurd und geradezu lächerlich vorkommen. Vielmehr sind wir eingeladen, inne zu halten und zu versuchen, uns für die Menschen zu öffnen, um ihre ängstliche, zitternde Seele zu sehen. Denn die Seele ist es, die uns verrät, was sie so bedrückt, zusammen kauern und sich ängstlich verkriechen lässt.

Manchmal ist ein Mensch so verletzt, dass er nicht mehr die Kraft in sich hat, von sich aus zu seiner Wahrheit zu stehen.

Und dann liegt es an einem Außenstehenden, liegt es an uns, dass wir die Kraft aufbringen, seine Wahrheit zu erspüren und zu tragen, auf dass wir diesem Menschen und seiner zutiefst verletzten Seele die Hand reichen und ihm die Hoffnung geben, dass auch er es eines Tages doch schaffen kann, wieder an sich selbst zu glauben.

Und sich dem zu stellen, was seine Wahrheit ist, so schmerzlich diese auch sein mag.

Der Pieschpieper

Es gab Nächte, in denen schlief Carlotta so fest, dass sie nichts und niemand aufwecken konnte, nicht einmal das „Jüngste Gericht", wie sie manchmal die nächtlichen Übergriffe nannte, wenn ihr Vater wieder einmal über sie herfiel.

Das „Jüngste Gericht" war ein Begriff, den sie irgendwo aufgeschnappt hatte, ohne zu verstehen, was er eigentlich bedeutete, außer, dass etwas Bedrohliches von ihm ausging, wovor sogar ihr sonst so gefühlskalter Vater innerlich erzitterte. Aber so war es nun einmal und so hatte sie es auf einem der großen Gemälde in der Kirche gesehen, auf dem die Menschen mit angstverzerrten Gesichtern und schreckensweiten Augen von einer Schar Engel mit Fanfaren aus ihrer ewigen Ruhe erweckt worden waren, um vor Gott zu treten, der über sie und ihr sündiges Leben urteilen würde.

Genauso fühlte es sich für sie an, wenn die Fanfaren in Form des wollüstigen Stöhnens ihres Vaters sie aus ihren Träumen rissen und Angst und Schrecken sich in ihr ausbreiteten, wohlwissend, dass er kein gutes Haar an ihr lassen und fürchterlich über sie herfallen würde. Er würde sie beißen, besonders dort, wo es so weh tat, an der Innenseite ihrer Oberschenkel, sie kratzen, sie mit seinen riesigen Händen packen und durchwalken, bis ihr Körper nur noch ein einziges Bündel Schmerzen war und sie nicht mehr wusste, wo oben und unten war und ob der Schweiß auf ihrer Haut der ihre war, der nach Angst roch oder der ihres Vaters, der süßlich stechend schwül nach Stierhoden, gebrauchten Unterhosen und Kuhstall stank.

Es hatte sich eine Angst in Carlotta eingeschlichen, die so groß war, dass sie sie nur die „Todesangst" nannte, weil sie die gleiche Angst empfand, wenn sie in das Gesicht des Totenkopfes blickte, der in einer Vitrine ihrer Schulbibliothek stand und ihr mit seinen tiefen, seltsam lebendigen Augenhöhlen und hämischen Grinsen jedes Mal durch Mark und Bein fuhr und sie spüren ließ, dass sie selbst dem Tode nahe war, dem Seelentode, dem sie mit viel Glück bis heute immer im letzten Moment von der Schippe hatte springen können.

Es war eine Angst, die war so groß, dass sie sie innerlich lähmte und erstickte. So hatte sie es sich angewöhnt, immer, wenn dieses unsäglich schwere, sie erdrückende Gefühl kam, Abstand von sich zu nehmen, ein kleines Stück aus sich heraus zu gehen oder in sich hinein zu kriechen. Hauptsache weg von diesem Gefühl, das beißend und bohrend in ihrer Brust saß und sich von dort aus ausbreitete und sie aufzufressen und auszuhöhlen drohte.

Eigentlich war diese Angst schon ein Teil ihres Lebens geworden, ein Teil, der nagend wie ein Wurm sich in ihr wand und sie schmerzhaft daran erinnerte, dass sie ein Opfer war, der Willkür ihres Vaters ausgeliefert und jederzeit das Grauen über sie hereinbrechen konnte. Hilflos würde sie sich fügen müssen, ihren Mund öffnen, damit er sein Glied in ihren Hals einführen und seiner Wollust frönen konnte. Ihr Gesäß hockender Weise ihm entgegenhalten, gespreizt mit ihren Händen, damit er sich an ihrem Anus, der „rosigen Zuckerrosette", wie er es nannte, erregen und ergötzen konnte, genüsslich darauf spuckte, um dann wie ein wildes Tier brutal in sie einzudringen. Liebte er es doch hart und brutal, gnadenlos und rücksichtslos, was für ihn paradoxer Weise die höchste Form der Liebe war und somit das Beste, was er seinem „Sexualpartner" angedeihen lassen konnte. Nur dass seine „Partnerin" alles andere als eine Partnerin war und alles andere als das wollte, sah er nicht.

Er liebte es, wenn ihr Intimbereich sich vor seinen glubschig glasigen Augen weitete, ganz rosa wurde und so gespannt war, dass er fast einriss und ihr tiefer Schmerz ihm eine Lust bereitete, dass er fast wahnsinnig daran wurde. In seinem Leben gab es kaum ein Gefühl, das so intensiv war, wie der Schmerz, den er seiner Tochter zufügte und den er für sich einfach in Geilheit wandelte, mit irrwitziger Lust zudeckte, dabei aber die Intensität ihres stumm schreienden Körpers und ihrer außer sich geratenen Seele genoss.

Und wenn sie ihm in die Hand biss, mit der er ihr den Mund zuhielt und Speichel an seinem Arm herunterlief, sie sich wehrte und „so niedlich rumbockte wie ein junges Fohlen", wie er es zu bemerken wusste, dann war es das Schönste.

Das Schönste?

Ja, denn sie zeigte eine Reaktion auf das, was er mit ihr machte und ließ nicht alles still und stumm und geradezu lustlos über sich ergehen, wie es seine Frau zu tun pflegte. Und hieß es nicht, dass man ein junges Fohlen erst einmal einreiten musste und es später, wenn es erst einmal Einsicht gezeigt hatte, als treue Stute brav und willig seinem Reiter zu Diensten war?

So würde er es auch mit seiner Carlotta machen, dachte er noch in seinem Sex-Wahn und wischte sich den Speichel, der ihm aus dem Mundwinkel gelaufen war, mit dem Handrücken ab, während er etwas irritiert auf ihren kleinen Hintern starrte, der ganz mit Blut verschmiert war.

Erschrocken betrachtete er seine Hände und stellte fest, dass die Handflächen ganz rot waren. Für einen Moment war er angewidert, war doch seine Geilheit verflogen. Seitdem sein Gehirn wieder etwas mehr mit Blut versorgt wurde, hatte sein Denkapparat auch wiedereingesetzt und er begann über das, was er da in einem Rausch voller unstillbarer, entarteter Lust angerichtet hatte, nachzudenken.

Meine Fresse, entfuhr es ihm, da hat die Kleine doch Hämorriden, ich dachte, das ist nur bei Alten so und jetzt blutet sie aus dem Arschloch wie ein Schwein! Er fuhr mit dem Zeigefinger gegen den leisen Blutstrom, der unablässig aus ihrem Anus floss, fasziniert und angeekelt zugleich und für einen Moment schoss es ihm durch seinen kranken Kopf, wie geil es doch sein würde, in ein blutendes Arschloch zu ficken, gottverdammt pervers und irgendwie verboten geil.

Doch sein Ding hing schon auf halb Acht und irgendwie hatte er auch nicht wirklich Lust, in ein zerrissenes Arschloch zu rammeln, dazu brauchte es ein wenig mehr „Sprit im Kopf", wie er es nannte, wenn er vor innerer Erregung ganz schummrig im Kopf war und nur noch aus einer Latte zu bestehen schien, die irgendwo versenkt werden wollte. Ja, der Sprit im Kopf war schon wichtig, ohne den funktionierte gar nichts, überhaupt nichts, wie er sich beschämend eingestehen musste. Denn sein bestes Stück reagierte nur auf härtere Reize und nicht auf diesen langweiligen Blümchensex, wie er ein normales Liebesleben abfällig nannte.

„Ja, kannst du denn nicht mal ganz normal?", hatte seine Frau ihn zu Beginn ihrer Beziehung gefragt und das Blut war ihm zu

Kopfe gestiegen, so dass er heil froh gewesen war, dass die Beleuchtung im Schlafzimmer gedämpft war und sie ihn nicht in seiner Blöße sehen konnte. Denn sie hatte seinen wunden Punkt getroffen, einen, den er für sich immer tunlichst zu vermeiden versucht hatte. Die Tatsache nämlich, dass sein bester Freund beharrlich auf Halbmast zu hängen gedachte, was immer er auch mit ihm anstellte und erst dann die Flagge gehisst wurde, wenn er zu den etwas härteren Methoden griff und das Ding würgte, kratzte, bog und drückte, bis es fast blutete und er hinterher derangiert tagelang brauchte, bevor die Verletzungen abheilten.

Doch irgendwie brauchte er es so, hart und unbarmherzig und der Schmerz, den er selbst empfand, wenn er sein wundes Glied rieb. Dann erst konnte er etwas empfinden und wenn er irgendwann nach einer schier unendlichen Zeit unter Stöhnen und Schreien zugleich krampfhaft ejakulierte, da war es eine Erleichterung im doppelten Sinne.

Was hatte er nicht schon alles ausprobiert, von Minz-Öl bis Penisringe, ja, sogar das enge Rohr des Staubsaugers hatte er bemüht und sich eine böse Infektion dabei zugezogen, als sich die Wunden seiner Eichel durch den Schmutz des Rohres infizierten und er einige eitrige, schlecht heilende Stellen zu pflegen hatte. Das war auch der Grund, warum er Carlottas kleinen, engen „Zuckerarsch" so liebte, vor allem dann, wenn sie vor lauter Angst alles zusammen kniff und er so wunderbar gegen ihren Widerstand eindringen konnte.

„Das kleine Ding machte es schon ganz richtig, wusste, wie sie ihrem Daddy die höchsten Freuden bescheren konnte", dachte er dann oft, denn er hasste nichts mehr als weite, ausgeleierte Löcher, Sumpfkuhlen, in denen er schmatzend und glucksend mit seinem eher schmächtig gebauten Ding versank und sich so unendlich klein fühlte. Fast wie damals als kleiner Junge, wo er hatte antreten müssen, um eine der Gespielinnen seines Vaters zu stemmen und er hilflos sein kleines, weißes Würmchen, mühsam auf Zack gebracht, in das große, dunkle Loch hängte, seinen Vater in ganzer Gestalt hinter ihm und den riesigen weißen Körper dieser Frau vor ihm mit ihrem wogenden Busen, die nur mitleidig lächelte und er sich noch elender, kleiner, unfähiger und impotenter fühlte, als er es ohnehin schon war.

Ja, sein Vater, das war schon ein ganzer Kerl gewesen, wie er ihm stets bewiesen hatte, wenn er irgendwann ungeduldig selbst Hand angelegt hatte und „das Weib" vor ihm so „durchvögelte", wie er stolz verkündete, dass diese sofort ihr Grinsen verlor und quiekend und röchelnd um Gnade vor dem Herrn flehte.

„Siehst du, so vögelt man, mein Junge", hörte er noch bis heute seine Worte im Ohr, „hart und unnachgiebig, denn in Wahrheit wollen es die Weibsbilder so und nur ein richtiger Mann vögelt, bis die Fetzen fliegen, alles andere sind gemeine Schwuchteln und du willst doch wohl keine Schwuchtel sein?"

Nein, natürlich wollte er das nicht, um keinen Preis. Doch er konnte gleichzeitig diese Frau, die so unendlich groß und breit vor ihm lag, nicht so anpacken, wie sein Vater es konnte. Immerhin hätte sie seine Mutter sein können.

Und genau diesen Gedanken schien sein Vater gespürt zu haben. „Wenn du sie nicht fickst, dann ficken sie dich, merk dir das, meine Junge. Wenn du ihnen nicht zeigst, wo der Hammer hängt, dann tanzen sie dir auf der Nase herum und du darfst danebenstehen und ihnen den Müll runtertragen. Entweder, du fickst, oder du wirst gefickt, so ist das Leben. Geht dir das in deinen schwachsinnigen Kopf?"

Stumm nickte er und hoffte, am ganzen Körper zitternd, dass dies alles hier bald ein Ende nehmen würde. Denn ihm war ganz heiß und kalt und er fühlte sich so unendlich nackt, klein und elend neben dem Klotz von seinem Vater.

Doch dieser hatte einen Plan mit ihm und er spürte, sein Vater würde ihn nicht so einfach davonkommen lassen, nicht hier und heute mit der Entschlossenheit, die er an den Tag legte. Und noch eher er weiterdenken konnte, hatte sein Vater ihn schon gegriffen, am Schopf gepackt und vor sich heruntergedrückt, drang mit dem Finger brutal in seinen Anus ein, spuckte sich auf die Handfläche und wenig später zwängte sich sein dickes, rot geädertes Glied in den Körper seines Sohnes, so dass er laut aufschrie.

„Fick sie, diese alte Hure!", hörte er hinter sich wie durch eine Nebelwand aus Schmerz die drohende Stimme seines Vaters. „Fick sie endlich, oder ich reiße dir den Arsch auf, bis du nur noch Scheiße schreist!"

„Aber ich kann nicht!", rief er voller Verzweiflung.

„Und ob du kannst!", antwortete ihm sein Vater und rammte ihm erneut sein Ding rein, so dass er das Gefühl hatte, es zerreiße ihm die Innereien. „Und ob du kannst, denk daran, ficken oder gefickt werden und entweder du besorgst es jetzt dieser Alten oder ich reiße dir den Arsch auf und du kannst von mir aus ihre Fotze lecken, bis dir schwindelig ist!"

Er hasste den Geschmack von weiblichen Geschlechtsteilen, sie waren ihm überhaupt ein Graus, diese gierigen, großen, schleimigen, alles verschlingenden Löcher. Voller Verzweiflung griff er sich in den Schritt und rieb an sich herum, so, wie er es bei seinem Vater gesehen hatte, doch es wollte sich nichts tun.

„Ich kann nicht!", rief er verzweifelt, während sein Vater ihn immer noch mit aller Brutalität und Härte vergewaltigte. „Ich kann es nicht, ich kann es nicht!"

Er brach in sich zusammen, das überstieg alles, was er noch zu ertragen im Stande war, er wollte nur noch weg, sterben, fliehen, wohin auch immer. Und es war, als würde er genau das in diesem Moment tun, zwar nicht äußerlich, so aber doch in seinem Inneren: Fliehen und weggehen. Eine Grenze war überschritten worden. Noch eine. Wieder einmal.

Er gab innerlich auf, zerbrach und verlor sich. Stattdessen herrschte und verewigte sich die grausame Energie seines Vaters in ihm.

Und als wäre der Schutzwall, den er vor den Gefühlen seines Vaters zur Verteidigung seiner selbst aufgebaut hatte, eingerissen worden, als wäre der Deich, der sein tiefstes Inneres davor bewahrt hatte, unter dem Ansturm der Perversion seines Vaters abzusaufen gebrochen, überschwemmten in diesem Moment in einer alles zerstörenden Sturmflut die Negativität seines Vaters sein kleines, zerbrechliches Herz und ertränkten es, rissen es mit sich fort, löschten es aus. Es war ein schrecklicher Tod, einer, der ihn in die Abgründe der negativen Gefühle hinfort riss, einer, der ihm einen Vorgeschmack darauf geben sollte, was die Hölle auf Erden war.

Sein Körper vibrierte, er schwitze, eine Welle hatte ihn ergriffen und steuerte ihn, so dass er wie ein Fremder sich selbst gegenüber fassungslos danebenstand. Er wollte nur noch ficken, zerstören, hassen, töten, so lange zudrücken, bis Schluss war, bis er den Druck, der sich in ihm ausgebreitet hatte, los sein würde. Blind vor Hass, Wut und Geilheit drang er plötzlich in die vor ihm liegende Frau ein und hatte das Gefühl, ein Glied wie ein Bulle zu besitzen, fast so groß und brutal wie das seines Vaters. Er konnte nicht anders als sich dem Gefühl hinzugeben, dieser gottverdammten Frau vor ihm das zu geben, was sie brauchte. Ja, sie würde schon ihr Fett wegkriegen, dieses widerliche Miststück, diese fette Hure, dieses stinkende, ekelhafte Loch, dieses Scheißweib!

Wie ein Wahnsinniger bearbeitete er sie, während sein Vater hinter ihm innegehalten hatte, war doch sein Plan aufgegangen und sein Junge tat endlich das, was er von ihm wollte.

„Ja, so ist gut, mein Sohn!", hörte er plötzlich die Stimme seines Vaters. „So ist es recht, nimm sie hart ran, zeig ihr, wer der Herr im Stall ist. Und ruhig Blut."

Seine Stimme war ruhiger geworden, fieser, heimtückischer.

„Nur ruhig Blut, sie kann dir nichts tun. Genieße es, sie zu dominieren, genieße es, ihr weh zu tun...", und griff der Frau an die Brustwarze und zog daran, dass sie sich aufbäumte.

„Du bist der Boss, sie tut, was du ihr befielst und du zeigst ihr mit deinem Riesenprügel, wo es lang geht..."

Er tat einfach nur noch, wie ihm geheißen, was sollte er auch sonst machen, wo doch nichts in ihm übriggeblieben war, was ihm hätte sagen können, was er tun oder lassen sollte. Verloren in sich selbst konnte er nur noch auf das hören, was ihm sein Vater sagte und empfand es wie eine Erleichterung, seinen Anweisungen zu folgen, fühlte er sich doch so verloren in sich, dass er das Gefühl hatte, im Vakuum seiner Seele verloren zu gehen.

Er hatte noch wahrgenommen, wie er irgendwann seinen Penis aus ihr herauszog, sich ihr Gesicht griff, ganz so, wie es sein Vater ihm so oft vorgelebt hatte, mit seiner Hand ihren Kiefer aufdrückte, sein Glied hinein drückte und tief in ihrem Rachen kam. Erschöpft legte er den Kopf in den Nacken und fühlte sich so leer, so hoffnungslos leer und erschöpft, dass er es nicht hätte in Worte fassen können. Und so war es auch jetzt wieder sein Vater, der zu ihm trat, ihm anerkennend auf die Schulter klopfte und mit sich nahm. Geradezu liebevoll steckte er ihm eine Zigarette an und reichte sie ihm.

„Hier, nimm, mein Sohn", sagte er lachend „jetzt biste k.o., was? Du hast es ihr aber auch gegeben, mein lieber Scholli, das wird sie so schnell nicht vergessen!"

Er lachte schallend und zog ihn am Kinn zu sich heran und gab ihm einen dicken Kuss auf den Mund. „Kleiner geiler Bock, wusste ich es doch, so klein und fickt schon wie ein Großer, das sehe ich gern…" Mit diesen Worten ging er aus dem Zimmer, um wenig später mit ein paar Bier zurück zu kommen.

„Hier, alter Kumpel, greif zu, das Bier danach ist das Beste. Feierabendbier!", und lachte schallend über seinen Witz, den er wohl nur selbst verstand.

Ja, so war es gewesen und seitdem konnte er nur noch so, wie sein Vater, mit Schmerz, mit Gewalt, ansonsten war er ein „jämmerliches Weichei und ein Schlappschwanz", wie ihn seine Frau in einem Streit einmal nannte und sie ja auch irgendwie Recht hatte, wie er noch betrübt dachte.

Das hatte ihn zutiefst verletzt, liebte er seine Frau doch auf seine Art und konnte in seiner Verletzung nicht anders reagieren, als mit Härte. Doch sie war zu stark, als dass er sie hätte hemmungslos vorführen und dominieren können. Deshalb mochte er sie ja auch, weil sie ihm auf eine gewisse Weise etwas entgegensetzen konnte. Und doch kränke es ihn zutiefst, dass sie ihn an seinem schwächsten Punkt vorführte und auflaufen ließ.

So hatte er zu dem Trick gegriffen, um sich in Schwung zu bringen, bevor er mit seiner Frau zusammen kam, indem er mit Hilfe einiger Sado-Maso-Zeitschriften seine Phantasie anregte. Diese Phantasie lebte er dann beim Akt mit seiner Frau später weiter aus, wenn auch nur in seinem eigenen Kopf und natürlich ohne das Wissen seiner Frau.

Irgendwann war er dann dazu übergegangen, sie nur noch oral zu befriedigen, während er selbst Hand an sich legte und das mit genau der Härte, die er brauchte, um in Gang zu kommen. Erst im letzten Moment, kurz bevor es ihm kam, drang er in sie ein, um seiner Verpflichtung als Ehemann nachzukommen.

Eine Lösung war das nicht gewesen, aber für eine gewisse Zeit hatte er auf diese Weise seine Schwierigkeiten überbrücken können.

Obwohl er nichts so sehr verabscheute, wie an „weiten Löchern herum zu lecken", so hatte er sich doch um des lieben Friedens willen dazu durchgerungen, auch wenn er dabei lieber erbrochen hätte, als auch nur eine Zunge breit etwas von ihrem säuerlich schmeckenden Vaginalsekret in sich aufzunehmen. Aber war seine Lust nicht ohnehin immer mit Schmerz und Ekel gepaart gewesen?

So hatte er sich irgendwie mehr schlecht als recht arrangiert und erst als Carlotta ihm zu Verfügung stand, hatte er ein Ventil gefunden. Das Ventil war der Anus seiner Tochter, die fortan dafür herhalten musste, dass der große Herr Papa seine aufgestaute Geilheit loswerden konnte. Und dazu all den Mist, Dreck und Irrsinn, den er selbst von seinem Vater als kleiner Junge aufgenommen hatte und über einen ähnlichen Weg wieder loswerden konnte.

Man hätte es mit einer Art „seelisches Kotzen" vergleichen können, wenn man ihn so sah, wie er alles das, was ihm im wahrsten Sinne des Wortes in den Arsch gerammt worden war, auf die gleiche Art wieder aus sich heraus würgte. Und so, wie man nach dem Erbrechen verdorbener Nahrung Erleichterung empfindet, empfand auch er es jedes Mal wie ein Stück Heilung. Heilung von dem Wahnsinn, den er in sich trug, wenn er diesen Wahn- und Irrsinn mit all der ihm zur Verfügung stehenden Kraft in den Körper seiner unschuldigen, in ihrer Seele offenen Tochter gerammt hatte.

Ganz nach dem Motto „Das Feierabendbier ist das schönste", begoss er dann stets seinen Erfolg und „Superfick" und das Leben hätte so schön sein können, wie er immer wieder für sich feststellte, wenn da nicht neben all der Erleichterung diese tiefe Traurigkeit und Wehmut in ihm gewesen wäre. Das bohrende Gefühl des verlorenen Kindes in ihm, das sich verschüttet von all dem Dreck seines Lebens immer noch so fühlte wie einst - sich so fühlte, wie seine Carlotta heute, die in sich noch nicht zerbrochen war, langsam aber sicher mürbe und müde ob des ständigen

135

Kampfes werden würde. Das hoffte er und gleichzeitig fürchtete er es, denn ein Teil in ihm sagte, dass ihr, seinem kleinen Mädchen, nie das geschehen dürfte, was mit ihm geschehen war.

Nun war es schon mehrfach vorgekommen, dass Carlotta, die schon in die Schule ging und längst „trocken" war, nachts wieder plötzlich in ihr Bett gemacht hatte. Einfach so.

Verwundert hatte ihre Mutter das nasse Laken zur Kenntnis genommen und den großen, gelben Fleck auf der weißen Matratze. Und als es immer öfter passierte, kontaktierte sie voller Sorge Carlottas Kinderarzt.

Dieser hatte ihr einen so genannten „Wassermelder" empfohlen, ein Gerät, das einen schrillen Ton von sich gab, sobald die mit Elektroden gespickte Einlage, die in ihrer Unterhose befestigt wurde, mit Flüssigkeit in Berührung kam.

Dieser „Wassermelder" oder auch „Pieschpieper" genannt, kam also zum Einsatz und Carlotta fühlte sich tief gedemütigt und gleichzeitig verwirrt, konnte sie sich doch auch nicht erklären, warum sie nun fast jede Nacht in ihr Bett urinierte. Es passierte einfach, ohne dass sie es merkte. Nun gut, manchmal merkte sie es schon, wenn es so komisch warm an ihrem Bein wurde, aber die Angst, diese unendliche Angst, dass wieder etwas passieren könnte, hielt sie davon ab, aufzustehen, die knarrende Treppe hinunter zu gehen und womöglich ihren Vater zu wecken.

Überhaupt konnte und wollte sie nicht wach sein, um sehenden Auges all das Elend zu ertragen, das sie zu erleben und erleiden hatte. Sie wollte nur noch schlafen, hinübergleiten in eine andere Welt, in der es dies alles hier nicht gab. Und was machte bei dem Martyrium, das sie durchlebte, ein nasses Bett schon aus?

Wäre nicht ihre Mutter gewesen, die sie rügte, schimpfte und verzweifelt händeringend und haareraufend vor ihr stand, ihr wäre das hier alles scheiß- bzw. piepegal gewesen. Letztendlich war es doch allen anderen auch so unendlich egal, was mit ihr sonst Schreckliches passierte.

„Ich kann nicht mehr!", rief unhörbar ihre innere Stimme verzweifelt. „Ich kann einfach nicht mehr, ich halte es nicht mehr aus, ich breche zusammen, ich kann nicht mehr, ich kann nicht mehr…".

Sie wusste nicht, was sie ihrer inneren Stimme antworten sollte, fühlte sie sich doch so unendlich kraftlos und erschöpft, dass sie sich von Tag zu Tag durch ihr Leben hangelte, in der stillen Hoffnung, dass dies alles irgendwann vorbei sein würde. So Gott es wolle.

So trug sie also zum Gespött aller den viel und gern zitierten Pieschpieper und immer, wenn dieses Ding nachts losging, schrak sie auf, wie ein gehetztes Reh und rannte so schnell sie konnte, um möglichst keinen zu wecken, mit dem laut schrillenden Ding an ihrem Körper zum Bad, wo auf dem Klodeckel die Kappe zu dem Gerät lag, mit dem sie den Ton ausschalten konnte. Und während sie noch wie ein Geist aus einer anderen Welt auf dem Klo hockte, näherten sich auch schon die Schritte ihres... nein, es waren nur die ihrer Mutter.

Sie konnte nicht mehr. Weinend brach sie auf dem Klo zusammen.

Ihrer Mutter gab es ein Stich in ihr Herz, die Tochter so leiden zu sehen.

„Was ist nur mit meinem Kind?", dachte sie verzweifelt und wusste doch die Antwort. Dennoch beschloss sie, sich in Zukunft diese Frage nicht mehr zu stellen.

Jetzt aber ging sie schnell auf Carlotta zu und drückte ihren Kopf an sich. Die Tränen ihrer kleinen Tochter benetzten ihr Nachthemd und es kam ihr vor, als würden die Tropfen, dem Blut ihrer Seele gleich, ihr eigenes weißes Nachthemd beflecken und beschmutzen. Es war das Blut der Schande, das sie zu einer Mittäterin an dem Massaker an der Seele ihrer Tochter machte, das sie billigend in Kauf nahm, ohne sich schützend vor den Menschen zu stellen, den sie geboren hatte. Der Mensch, der ihr eigen Fleisch und Blut war, ihr Kind, für das sie die Verantwortung trug.

Es war einer dieser Abende... I

Es war einer dieser Abende, die Carlotta so sehr liebte: Sie lag kuschelig in ihrem warmen, weichen Bett mit ihrem kleinen Teddy im Arm, während es draußen stürmte und der Wind in mächtigen Böen gegen die Scheibe schlug und die Tropfen nur so prasselten. Fast so wie in der Autowaschstraße, wenn die großen Bürsten um das Auto fegten und sie sicher und trocken im Auto saß und dem Treiben zusehen konnte.

Morgen war Samstag und sie würde nicht zur Schule müssen. Sie träumte schon davon, was sie alles machen würde, obgleich der Samstag auch immer ein schwieriger Tag war, war Papa doch zu Hause und das hieß immer allerhand Spannungen und Streitereien. Aber vielleicht würde es morgen ja anders sein, dachte sie noch, hoffnungsvoll, wie sie immer war und freute sich auf die frischen, leckeren Brötchen, die es geben würde.

Mit viel Glück würde sie ihre Mutter zu einem Spaziergang durch den Park überreden können, denn sie liebte den Regen und die großen Pfützen und wollte ihren neuen kleinen Regenschirm ausprobieren, den sie neulich erst von ihrer Tante geschenkt bekommen hatte.

Während sie noch so vor sich hin tagträumte, schlief sie auch schon ein und es hätte alles so schön sein können, wenn da nicht der unsägliche Geist und Trieb ihres Vaters gewesen wäre. Ein Stockwerk unter ihr zappte ihr Vater zur gleichen Zeit durch diverse Fernsehkanäle und wurde immer frustrierter. Er lebte nicht das Leben, das er hätte führen wollen. Nicht hier vor dem Fernseher in einem Einfamilienhaus. Mit einem Job, der ihn schon seit langem langweilte. Mit einer Frau, die er nur noch neurotisch und hysterisch nannte und mit der er weder reden konnte noch wirklich wollte. Mit ein paar trögen Kumpels, die auch nicht wirklich das waren, was er sich erhoffte. Und dazu noch dieses Scheißwetter, ausgerechnet am Wochenende und im Fernsehen lief auch wieder nur Mist!

Zum Glück bekam Carlotta von all dem nichts mit, schlief sie doch schon tief und fest, weil ihre Mutter ja da war und auf sie aufpassen würde. Carlotta träumte den Traum eines kleinen Mädchens von einem schönen, harmonischen Leben in einer Welt, die ihr nichts Böses wollte. Sie träumte von einer Welt, in der man ihr half, sich in ihr zurechtzufinden, zu wachsen und ihren Weg zu gehen, statt sie zu hemmen, sie zu zerstören und ihr das eigene, selbstbestimmte Leben unmöglich zu machen.

Denn auch außerhalb ihrer Träume hatte Carlotta trotz allem, was ihr widerfuhr, die Hoffnung, die unverwüstliche, nie versiegende Hoffnung, dass, wenn sie nur lange genug hoffen und vertrauen würde, sich eines Tages ihr Wunsch und Traum erfüllen würde. Irgendwann, wenn sie nur lang genug aushalten und nicht aufgeben würde.

Es war schon spät, sehr spät, als sie plötzlich jemanden neben sich im Bett bemerkte. Sie hatte so tief geschlafen, dass sie sie ihn gar nicht hatte kommen hören. Er war einfach da. Der Schreck fuhr ihr durch alle Glieder und sie fühlte sich wie gelähmt, unfähig sich zu bewegen, ja nicht einmal die Augen konnte sie öffnen, nur leise zog der Atem aus ihrer Nase, wie als gehöre er nicht zu ihr.

„Er ist wieder da!", dachte sie. „Das Grauen beginnt!"

Es war ihr, als sei sie in der Hölle selbst, so schwarz war es um sie herum. Es war nicht nur das Dunkel der Nacht, das sie jetzt fürchtete. Es war das Schwarz ihrer Angst-Gefühl, das sie umhüllt und gefangen genommen hatte. Alles war so schwarz als blicke sie in die tiefen Augen eines Schädels, der sie noch hämisch anzugrinsen schien.

„Was soll ich nur machen?", dachte sie verzweifelt und spürte ihre Hilflosigkeit, ihr vollkommenes Ausgeliefertsein. Ja, sie fühlte sich nicht einmal in der Lage zu schreien, obwohl Mutti doch im Nebenzimmer war und sie bestimmt gehört hätte.

Er kam ihr vor wie eine böse, schwarze Wolke, wie ein Schwarm blutrünstiger, bitterböser Insekten mit all seinen widerlichen Empfindungen, Vorhaben und seiner ekelerregenden Körperlichkeit, die sie neben sich spürte.

Warum tat er nichts?

Er lag nur da und bewegte sich nicht in seiner ganzen Schwärze. Der schwarze Mann und Abgesandte der Hölle.

Als hätte er ihre Gedanken gehört, begann er sich zu recken und Carlotta wusste, ohne dass sie es gesehen hatte, dass er ganz nackt war. Plötzlich hatte sie das Gefühl, neben einem Toten zu liegen, einem nackten, weißen, toten Körper, der sie mit ins Reich der Verdammnis ziehen würde. Denn so schwarz und bedrohlich konnte nur der Tod sein.

„Wenn er etwas macht, wenn er jetzt anfängt, etwas zu machen, wird Mutti es merken?", schoss es ihr plötzlich durch den Kopf. „Würde Mutter es spüren? Sie müsste es doch spüren, wenn nebenan etwas so Schreckliches geschieht und der Tod ihre Tochter verschlingen würde und sie ihrer Seele berauben wollte? Und wenn sie es nicht spüren würde, was dann?"

Eine unendliche Verlassenheit überkam Carlotta und sie wusste nicht, wohin mit ihrem Gefühl. Irgendwo musste es doch für sie einen Zufluchtsort geben!

Plötzlich konnte sie in einer Klarheit ihre eigene Situation erkennen, als hätte sich der Wolkenschleier ihrer Positivität und Hoffnung für einen Moment aufgetan und ihr einen Blick auf die gnadenlose, unumstößliche Realität gewährt. Sie war hier alleine in ihrem Bett mit ihrem Vater, der sich gleich auf sie legen und seinen ekelhaften weißen, haarigen Körper an ihr reiben würde, während sie, unfähig sich zu bewegen, dalag und ihre Mutter nebenan schlief und nichts mitbekam. – Oder nichts mitbekommen wollte?

So schnell, wie der Vorhang der Klarheit aufgerissen war, so schnell verschloss er sich auch wieder, denn das wäre zu viel für sie gewesen. „Nein, Mutti würde ihr helfen, wenn sie es nur hören oder spüren und fühlen würde. Sie würde ihr helfen, das musste und konnte doch gar nicht anders sein!"

Und doch war sie jetzt allein, allein in dieser Schwärze, in der es zu stickig zu atmen war und in der es so dunkel war, dass sie nicht einmal mehr mit ihren inneren Augen zu sehen vermochte. Sie begann zu zittern, erst innerlich, dann am ganzen Körper. „Wo zieht er mich hin?", dachte sie und fühlte den Sog, der sich ihrer bemächtigte. „Was will er von mir und was bleibt von mir, wenn er sich alles nimmt, was doch mir gehört?"

Voller Verzweiflung spürte sie, wie er immer mächtiger wurde und sich über sie beugte und sie nicht nur mit seinem Körper, sondern auch mit seiner Energie erdrückte.

„Hilfe!", schrie sie innerlich auf. So laut, voller Angst und Verzweiflung, dass es jedem, der mit ihr im Gefühl verbunden war, in den Ohren hätte gellen müssen. „Hilfe, ich gehe unter, ich sterbe, ich verschwinde, ich gehe weg, ich sterbe. Bitte, so helft mir doch, so hilf mir doch jemand! Bitte, bitte Mutti, so komm doch, ich brauche dich, bitte meine liebe, liebe Mutti, bitte hilf mir doch!"

Doch niemand hörte ihre Hilfeschreie, die man auch nur hätte hören können, wenn man ein offenes Gefühl gehabt hätte und sensibel genug für den Menschen, der einem vom Leben anvertraut worden war und den man mit seiner Liebe nicht allein in den Armen, sondern vielmehr im Herzen tragen muss, um ihn zu schützen, zu verstehen und ihm nahe zu sein.

Wieder spürte sie diese unendliche Leere, dieses gähnende Loch, das sich vor ihr aufgetan hatte und in das er sie mit hineinriss, mit herunter riss in eine Welt und Gefühlswelt, in die sie nicht hineinwollte, die ihr Angst machte und die so dunkel war, dass es keine Freude, kein Glück und keine Liebe mehr gab.

Obschon er sich bereits über sie gebeugt hatte, ließ er sich Zeit, als wüsste er noch nicht so recht, was er nun eigentlich wollte. Es war ihm ob seiner schlafenden Tochter ein wenig langweilig. Da aber seine Frau nebenan schlief, wollte er Carlotta nicht wecken. Denn bei dem Theater, das die Weibsleute immer veranstalteten, war das sicherlich keine gute Idee. Irgendwie wollte „er", wie er geradezu zärtlich sein zweites Selbst nannte, heute nicht so recht in Schwung kommen. So ging er in Gedanken wie in einer Speisekarte blätternd durch, was sich im Hier und Jetzt für Möglichkeiten boten.

Er hatte sich unten freigemacht und sein Riesengebaumel schlackerte hin und her, während er sich über Carlotta hockend hin und her bewegte. Leicht klatschten seine Hoden gegen ihren Unterkörper und es erregte ihn, ihr kleines, weiches, warmes Geschlecht zu spüren, obgleich sie ihm auch wieder irgendwie leidtat, wie sie da vor ihm lag und zitterte wie Espenlaub, dass es so schon aussah, als erlitte sie einen epileptischen Anfall.

Doch er konnte irgendwie nicht anders, war das hier doch der einzig schöne Moment des Tages, ja oft sogar der ganzen Woche, wenn er zügellos seinen ganzen aufgestauten Gefühlen und Perversionen freien Lauf lassen konnte und sich so fühlen, wie er es liebte: Ein geiles, perverses, durch und durch dreckiges Schwein, das sich nahm, was es wollte, es genoss, es liebte und sich selbst den Arsch dafür hätte küssen können, so herrlich versaut und abartig zu sein und mit seinem Riesenrambo alles das zu machen, wovon er träumte!

Ein bisschen blöd kam er sich manchmal schon dabei vor, während er in seinen Phantasien schwelgte und das Gefühl genoss, ein Schwein zu sein und sich das zu erlauben, was man ihm und er sich selbst sonst verbot. Irgendwie bin ich schon ein bisschen krank, schoss es ihm plötzlich durch den Kopf in einer Klarheit, wie auch Carlotta wenige Momente vorher ihre Situation hatte sehen können. „Da hänge ich hier nackt über meiner kleinen, zitternden Tochter, die so tut, als ob sie schläft, weil sie solche Angst vor mir hat und lasse meine Eier baumeln und versuche, so leise wie möglich zu sein, damit meine Frau nicht aufwacht."

Er hätte laut lachen und schreien können, so absurd war das alles hier. Aber was sollte er denn machen?

„Meine Güte, urteilt doch alle über mich, aber was soll ich denn tun? Ich weiß doch auch nicht mehr wohin mit mir! Und da soll ich mir jetzt noch das letzte Vergnügen nehmen lassen? Und außerdem, mit wem kann ich denn sonst so schön versaut sein?"

Als müsse er sich rechtfertigen vor einer unsichtbaren Instanz, flehte er geradezu um Verständnis für seine bedauernswerte Situation. Einen Moment hielt er inne mit seinen Bewegungen und senkte den Kopf.

„Meine Güte und wenn Gott jetzt tatsächlich zuzieht? Wer weiß das schon?"

Es war ihm egal, wenn ihn seine verstorbenen Eltern so sehen würden, vor denen hatte er längst sämtlichen Respekt verloren. Aber Gott?

Nicht, dass er an Gott glaubte, Gott bewahre, nein! Aber man konnte ja nie wissen und an irgendetwas Höheres glaubte er doch schon irgendwie.

„Verdammte Scheiße!", dachte er, hielt inne und eine Angst durchzog ihn. „Was, wenn ich mich eines Tages für das hier alles rechtfertigen muss?"

Die Angst stieg in ihm auf, die ihn ganz schwindelig werden ließ, so dass sich alles in seinem Kopf drehte und er das Gefühl hatte, die Kontrolle zu verlieren. Nein, nicht das auch noch! Das kannte er schon, dann würde er sich tagelang beschissen fühlen, wie benebelt, wie als wäre er ein Zombie, der nicht von dieser Welt war. Nur ein paar gezielte Schläge ins eigene Gesicht würden ihn wieder zurück ins Hier und Jetzt befördern, so wie es sein Vater mit ihm oft gemacht hatte, wenn er als Kind mehr im Jenseits als im Diesseits weilte und einer lebenden Leiche gleich durch die Weltgeschichte geschlichen war, geistes- und gefühlsabwesend wie in eine Wolke aus Leere gehüllt.

Versonnen schaute er auf Carlotta. Ja, es stimmte, immer wenn er bei ihr gewesen war, war sie am nächsten Tag so merkwürdig fremd, so weit weg, als wäre auch sie nicht von dieser Welt.

Plötzlich erinnerte er sich, wie furchtbar es für ihn selbst damals immer gewesen war, wenn ihn seine Klassenkameraden gehänselt hatten und er sich nicht einmal mit Fäusten gegen sie zur Wehr setzen konnte. So wie damals, als er im Unterricht mit offenen Augen schlief und nicht einmal mitbekam, wenn der Lehrer ihn aufrief und erst, als dieser mit der flachen Hand vor ihm auf den Tisch schlug wieder da war, während alles um ihn herum schallend lachte und er dann zum Klo geschickt wurde, um sich das Gesicht mit kaltem Wasser zu waschen...

Meine Güte! Carlotta musste es genauso gehen!

Was tat er ihr nur an? Um Gottes willen! Es konnte doch nicht sein, dass er der Auslöser für all das war, was sie erlitt!

Etwas in ihm sperrte sich, diese einfache Wahrheit zu denken, als wären diese Gedanken zu groß, zu unumstößlich und zu wichtig, um hinterher sein Leben in Frieden im gleichen Rhythmus weiterleben zu können.

Nein, das konnte nicht sein, diesen Schuh wollte und würde er sich nicht anziehen!

„Nein, nein und nochmals nein und jetzt Schluss! Aus und vorbei mit diesem Gesülze und Gelaber!"

Plötzlich packte ihn eine unendliche Verzweiflung, die sich in grenzenlose Wut wandelte. Eine Wut gegen wen und was auch immer! Er wusste in diesem Moment nicht, wohin mit all dem aufgestauten, brodelnden Frust und der Frage, wem auch immer er als erstes in die Fresse hauen sollte - am liebsten dem Schwein von Vater und der Sau von ignoranter Mutter. Aber da leider beide schon tot waren und er ihnen zu dieser Stunde auch nicht aufs Grab scheißen konnte, da blieb ja nur noch Carlotta übrig. Seine Tochter, die ihn so unendlich provozierte, diese kleine, weiße Elfe, diese Nymphe, dieses gottverdammt süße Ding mit seiner Zuckermuschi.

Da war das Gefühl wieder, diese weiche, flaumige Buttermuschi... und er hockte sich wieder über sie und drückte zärtlich und wollüstig sein ganzes Gerödel gegen sie. Er genoss das warme, wohlig geile, perverse Gefühl, das ihn durchzog, wie es kein Alkoholrausch besser konnte. So süß, so weich, so warm, so rein, so pervers und schön, dass er vor Freude und Glück hätte pissen können, wenn seine aufgerichtete Latte es erlaubt und er die Schweinerei nicht gescheut hätte.

Da war sie wieder, die Angst und die unendliche Schwärze und Kälte, die Carlotta plötzlich durchfuhr. Wie ein Gift, das sie durchströmte und gegen das sie sich nicht wehren konnte. Ihr wurde übel, so dass sie sich am liebsten übergeben hätte, um alles los zu werden. Aber sie wusste mittlerweile schon, dass es nur ihr Magen war und sie damit nicht wirklich seinen bösen Geist auswürgen konnte.

Sie begann zu wimmern und leise zu schluchzen. Panik wollte sich ihrer bemächtigen und das Licht in ihrem Kopf ausgehen. Da summte sie plötzlich ganz still in sich das Kinderlied, das sie im Kindergarten gelernt hatte und das ihre Mutter ihr manchmal vorsang; „Schutzengel mein, behüt' mich fein..."

Das half. Sofort ging es ihr ein bisschen besser und sie hatte etwas, woran sie sich festhalten konnte.

„Schutzengel mein, behüt´ mich fein, Tag und Nacht, früh und spät...", summte sie weiter und hörte auf die Worte in ihrem Kopf, die gleichzeitig ganz klar vor ihren Augen standen wie eine Botschaft. Als hätte sie mit diesem Lied ihren wahren Schutzengel angerufen, der mit großen, weißen Flügeln hinter ihr stand und sie beschützte und ihr die Kraft gab, das alles hier durchzustehen.

Nein, sie war nicht allein, er, ihr guter Schutzengel, war bei ihr und hielt ihr die Hand. Er konnte zwar nicht in das Geschehen eingreifen, weil er ja ein Engel war, aber solange sie mit ihm verbunden war, war sie wenigstens nicht alleine.

So hörte sie nicht auf, das Lied in ihrem Kopf immer wieder und wieder zu wiederholen, wie einen Singsang und Reim: „...behüt´ mich fein, Tag und Nacht, früh und spät, bis meine Seele zum Himmel eingeht..."

Dieser Teil „...bis meine Seele zum Himmel eingeht", machte sie etwas traurig. Fast hätte sie geweint, wenn sie nur gekonnt hätte. Denn zum Himmel wollte sie nicht, sie wollte ja noch nicht sterben! Sie wollte doch leben! Sie hatte sich doch so auf morgen, auf den Samstag gefreut, auf den Regen in ihrem Gesicht, die warmen Brötchen, den Spaziergang in der duftenden Natur, auf den Himmel, auf sich selbst, auf alles! Nein, sie wollte nicht sterben.

„Lieber Schutzengel, mach, dass ich nicht sterbe, mach, dass ich weiterleben kann. Bitte, bitte! Ich liebe doch das Leben und ich wäre auch gern viel glücklicher. Aber manchmal geht es einfach nicht. Und denke bitte nicht, dass ich nicht dankbar bin, ein Mensch zu sein und hier zu leben. Aber manchmal ist es so schwer! Dann kann ich auch nicht mehr und fühle mich hart und bin verschlossen. Aber bitte mach, dass ich immer das Leben spüren kann, dass ich lebe, denn ich liebe das Leben und ich will noch nicht sterben!"

Sie spürte, dass es ernst um sie war, nicht so, dass ihr Leben in Gefahr wäre, wohl aber ihr Inneres, das von der Dunkelheit der Gefühle ihres Vaters gnadenlos überschwemmt wurde und eine dunkle, böse Saat in ihr zurückließ, die irgendwann aufgehen und sich ihrer bemächtigen würde. Vielleicht erst in vielen Jahren, wenn sie selbst einst Mutter sein würde, vielleicht auch schon vorher in Form von dunklen Gespenstern in ihrem Kopf, die sie in den Wahnsinn treiben würden.

Vielleicht war es dieses flehentliche Gebet, dieser Kampf, den sie um sich selbst und ihr Innerstes, die Reinheit ihrer Seele führte, der das nötige Gegengewicht bildete, um diesen schrecklichen Moment besser ertragen zu können, um die unendliche Einsamkeit und Verlassenheit zu überstehen, ohne an ihr verrückt zu werden und der ein stilles Gegengewicht zu der Negativität ihres Vaters in ihr setzte, eines, das Gewicht und Stärke besaß durch ihren unabdingbaren Willen, ihr Leben zu leben. Gut zu sein, sie selbst zu sein, ein Mensch zu sein, der Gutes tut und somit eine Dynamik entwickelte, die gegen die sich in ihr ausbreitende Negativität ihres Vaters ankämpfte.

Vielleicht ist der Wille und Kampfesgeist in uns die einzige wirksame Waffe, um gegen so etwas Schreckliches wie den Missbrauch unseres Körpers, unserer Gefühle und unserer gesamten Person anzukommen.

„Wo ein Wille, da ist auch ein Weg", sagt schon ein altes Sprichwort. Diesen Weg brauchen wir, um irgendwann, wenn wir frei sind von dem Joch der Sklaverei, zu uns selbst zurückgehen zu können.

Denn unsere Qual und unser Leid sind nicht in dem Moment beendet, in dem uns das Schicksal frei lässt. Dann endet zwar der Überlebenskampf, aber es beginnt der Kampf, das uns entrissene Territorium wieder zurück zu erobern.

Kämpften wir vorher, um zu überleben, so müssen wir jetzt den Kampf beginnen, um unser Inneres, das fremd besetzt und belagert ist, wieder zurückzuerobern, um so unsere innere Freiheit wieder erlangen zu können. Kämpften wir all die Jahre vorher um unser Überleben, so braucht es noch einmal eine lange Zeit, in der wir um unsere innere Freiheit kämpfen, um unser selbstbestimmtes Leben.

Kämpfen gegen die Saat des Bösen, die in uns gelegt wurde. Kämpfen gegen die Negativität, die man bei uns ablud, und gegen den Tod, der in unserer Seele sitzt, obgleich sie, unsere tief verletzte Seele, sich nach dem Leben sehnt.

Carlotta wusste, dass weder ihr Gebet, ihr Flehen noch ihr Kampf gegen das Böse ihn davon abhalten würden das zu tun, was er tun wollte. Aber sie spürte irgendwie, dass es einen Sinn machte.

Auch wenn sie hier und heute den äußeren Kampf wieder einmal, wie immer, verlor, spürte sie, dass durch das Schutzengel-Lied sie sich hier und jetzt selbst Trost und Halt geben konnte.

Ihr Gebet gab ihr hier, in einer der dunkelsten Stunde ihres Lebens etwas Licht und Kraft, damit sie sich nicht geschlagen geben musste. Wenn schon kein Mensch sich für sie interessierte, sich für sie einsetzte und für sie kämpfte, so war sie doch für sich selbst da. Sie gab nicht auf, sie gab sich Kraft und Liebe. Und das mit Hilfe ihres Schutzengels, der für sie das verkörperte, was sie selbst ob ihrer ausweglosen Lage nicht zu leben nicht im Stande war.

So sind es oft die düstersten Momente unseres Lebens, die unsere tiefste Schönheit und Reinheit sichtbar werden lassen. Es sind die dunkelsten Stunden, die die wahre Schönheit unseres Inneren zeigen, in dem Moment nämlich, wo wir vor der Entscheidung stehen, aufzugeben und uns mitziehen zu lassen, oder zu kämpfen, egal wie aussichtslos unsere Lage ist.

Denn ein Mensch, der aufgibt, hat schon verloren, ist verloren.

Derjenige jedoch, der die Hoffnung nicht verliert, der kämpft, obwohl er augenscheinlich verloren hat, der lebt, obgleich er in seinem Kampf vielleicht sogar den Tod findet, rettet er doch ein Stück seiner Seele, seines wahren Selbst, das, was Bestand hat, selbst, wenn wir unseren Körper dabei verlassen müssen und schützt mit zerschlagenen Händen das, was das Wertvollste in ihm ist: Sich selbst.

So empfinde ich tiefe Ehrfurcht vor all jenen Menschen, die in extremsten Situationen sich nicht aufgeben, sondern bei sich bleiben, sich treu bleiben, sich nicht loslassen und sich nicht in den Abgrund der Negativität fallen lassen, sondern an das glauben, was sie in ihrem tiefsten Inneren sind: Ein liebender, hoffender, intuitiv wissender Mensch voller Herzensgüte und Wärme für sich und alle, die seiner Hilfe benötigen.

Diesen Menschen gilt mein tiefster Respekt und wir alle können von ihnen lernen und demütig unser Haupt vor ihrer Stärke beugen, beugen wir uns doch in Wahrheit vor uns selbst, der wir in unserem tiefsten Inneren genauso tapfer, stark und unbeugsam in der Liebe zu uns selbst sind, es vielleicht nur im Laufe der Kriege unseres Lebens vergessen haben.

Es war wieder einer dieser Abende... II

Es war wieder einer dieser Abende, die eigentlich hätten so schön sein können, wenn da nicht so etwas Komisches in der Luft gelegen hätte. Das Kind schlief in seinem Zimmer, ihr Mann saß vor dem Fernseher mit ein paar von ihr gemachten frischen Schnittchen und war soweit versorgt. Sie selbst hatte noch die Wäsche aus dem Trockner geholt, denn draußen regnete es wieder einmal in Strömen, und so hatte sie sich darangemacht, die verknitterten Hemden ihres Mannes zu bügeln.

Eigentlich war alles ganz friedlich und sie hätte sich zu ihrem Mann auf die Couch setzen oder mit einem Buch zurückziehen können. Aber irgendetwas ließ ihr keine Ruhe und so zog sie es vor, noch dies und das im Haushalt zu erledigen, bis ihr Mann zu Bett gehen und sie sich zu ihm legen würde.

Dann war es soweit und endlich würde Ruhe im Haus sein, dachte sie, während sie sich noch eine fette Nachtcreme gegen die Falten ins Gesicht rieb, sich auf den Rücken legte, damit das Kopfkissen und die Laken nicht fleckig werden würden und an die Decke blickend darauf wartete, dass ihr Mann das Licht löschen würde.

„Gute Nacht, Schatz", raunten sie sich noch gegenseitig zu, ein spitzer Kuss auf den Mund und schon rollte er sich zur Seite. Sie seufzte leise auf, wie vor Erleichterung, dass jetzt alles gut werden würde, wo sie ihn neben sich unter Kontrolle wusste. „Komischer Gedanke", dachte sie noch, „aber was denkt man nicht so alles den lieben langen Tag."

„Ist auch alles in Ordnung bei dir, Schatz?", fragte sie noch einmal nach.

„Was sagst du? Ach so, ja, doch, in bester Ordnung, wie immer. Ich liebe dich auch."

„Ich dich auch", antwortete sie ihm und seine Worte taten ihr irgendwie weh, als hätten sie nicht das gemeint, was sie sagten. Sie ließen noch mehr Kälte in ihrem Herzen zurück, als dort ohnehin schon war.

So hatte sie sich das damals nicht vorgestellt, als sie sich voller Freude in das Abenteuer Ehe gestürzt hatte und dass aus dem überschwänglichen Gefühl einer großen Liebe nichts weiter als ein paar Sätze und ein schier endloses Schweigen geblieben war, auch nicht. Aber was sollte schon die Grübelei, morgen würde sie zum Friseur gehen, denn ihre Haare brauchten dringend etwas Schwung. Dazu noch eine Gesichtsbehandlung und dann würde sie sich auch wieder frischer und dynamischer fühlen!

Es war eben eine schwierige Zeit, obwohl ja doch alles irgendwie lief. Vielleicht nur etwas zu eintönig und irgendwie bedrohlich in seiner Gleichförmigkeit, hinter der sich, wie es ihr vorkam, das Grauen verbarg. Aber das mochte auch nur wieder eines ihrer Phantasiegebilde sein, die man ihr schon früher immer attestiert hatte. „Du siehst Gespenster, wo keine sind", hatte es stets geheißen, obgleich sie wusste, dass sie Recht hatte und das Unheil immer nur gelauert hatte, bis es sie alleine erwischte, geschützt vor den Blicken der anderen.

Eine Weile lag sie noch da und ging ihren Gedanken nach, wusste aber auch nicht, in welche Richtung sie diese konkret hätte lenken sollen. Soweit sah doch alles gut aus und wäre auch gut gewesen, wenn da nicht... (aber das hatten wir ja schon), dieses sonderbare Gefühl gewesen wäre, diese lauernden Augen in der Dunkelheit, die sie beobachteten, die immer da waren und gegen die sie doch vermeintlich nichts auszurichten vermochte.

„So ein Mist!", dachte sie ärgerlich und stand noch einmal leise auf, um durch die Räume ihres Hauses zu gehen. Die Fenster waren verschlossen, die Türen auch, die Lichter verlöscht.

„Seltsam", dachte sie, „da habe ich jetzt alles, was ich mir immer gewünscht habe und doch fühlt es sich nicht so an, als habe ich das große Los gezogen hätte. Man beneidet mich sogar für das, was ich habe, meine kleine Familie, meine Pflanzen und der Garten, das schöne Haus, meine kleine Carlotta. Aber so, wie ich es mir vorgestellt habe, ist es auch nicht. Nicht wirklich schlecht, aber auch nicht so, dass ich wirklich glücklich bin."

„Was erwartest du, Kind!?", hatte ihre Mutter sie noch gescholten. „Flitterwochen für den Rest deines Lebens? In jeder Ehe kehrt irgendwann der Alltag ein und Haus und Kind sind nun mal kein ewiges Zuckerschlecken. Was beklagst du dich? Willkommen im richtigen Leben!"

Irgendwie hatte sie ja Recht, dachte sie noch und seufzte leise. Vielleicht wollte sie wirklich zu viel und sah nicht all das, was sie hatte...

Leise hatte sie noch in Carlottas Zimmer geschaut. Alles war in bester Ordnung. Seltsam fremd, wie ihr Carlotta manchmal vorkam, fast so, als wäre es nicht ihr eigenes Kind.

Irgendwann, es muss wohl schon gegen Mitternacht gewesen sein, wachte sie erneut auf und zuckte förmlich zusammen. Sie spürte eine Angst, die nicht mehr von dieser Welt war, so sehr übermannte sie sie. Eine Angst, die sie lähmte und in ihrem wie tot scheinenden Körper nur noch das Schlagen des Herzens daran erinnerte, dass sie lebte.

Die Angst war wieder da, ihr treuer Begleiter aus Kindertagen, der stets an ihrer Seite gewesen war.

Sie wusste aus Erfahrung, dass es zwecklos sein würde, gegen diese Angst anzukämpfen, war sie doch stärker als alles, was sie kannte. Schwer atmend lauschte sie angespannt in die Dunkelheit. Sie fühlte sich plötzlich wieder so klein und hilflos, wie sie sich immer nachts als Kind gefühlt hatte und sah sich nicht in der Lage, aufzustehen. Karl lag nicht neben ihr, das konnte sie spüren, obwohl sie nicht den Kopf drehen konnte, um nachzusehen.

Ein leises unterdrücktes, fast lautloses Wimmern drang aus Carlottas Zimmer vom anderen Ende des Flures zu ihr, eines, das sie nur allzu gut kannte und das ihr solche Angst machte, dass ihr beinahe das Herz stehen geblieben wäre. Sie fühlte sich wieder zurückversetzt in die Zeit ihrer Kindheit, in der das Unheil in Gestalt ihres Vaters über sie hereingebrochen war, über sie und ihre beiden Schwestern, die sie oft genauso hatte wimmern und schluchzen hören wie jetzt Carlotta.

„Was soll ich bloß tun?", fragte sie sich verzweifelt. „Wie sollte es nur weitergehen?"

Sie konnte sich doch nicht von ihrem Mann trennen, wie sollte sie ohne ihn, der doch ihr Halt im Leben war, leben? Wie sollte sie den Alltag alleine meistern und wovon sollte sie leben?

Sie hatte das Gefühl, in einen tiefen, unendlichen Abgrund zu sinken, der keinen Boden hatte und in dessen Schwärze sie sich hoffnungslos verlieren würde. In dem Chaos aus Angst,

Verzweiflung, Hilflosigkeit, Hoffnungslosigkeit, Gewalt und Schuld, in dem sie seit ihrer Kindheit gefangen war, fand sie keinen Ausweg. Sie wusste, sie würde nicht die Kraft haben, sich all dem, was auf sie zukommen würde, zu stellen. Zu groß war die Angst vor der Wahrheit in ihr, so groß, dass sie sie lähmte und wie schockgefrieren ließ.

Ein unerträgliches Gefühl von Schuld gesellte sich zu der sie beherrschenden Angst. Sie fühlte sich wie ihre eigene Mutter, die auch immer die Ohren und Augen vor dem Leid ihrer Töchter verschlossen und nicht eingegriffen hatte.

„Aber was soll ich denn bloß machen?", entfuhr es ihr. „Sag mir doch einer, was ich jetzt verdammt noch mal machen soll!"

Und als gäbe sie sich selbst die Antwort, hörte sie eine innere Stimme in ihr sagen: „Gar nichts, warte einfach, bis das alles hier vorbei ist. Das Leben geht irgendwie immer weiter und morgen ist ein neuer Tag."

Es kam ihr vor, als säße plötzlich ihre Mutter neben ihr auf dem Bett und strich ihr leise, diese Worte flüsternd, über die Haare.

„Vielleicht hat sie ja Recht", dachte sie erleichtert und beschloss, nicht weiter auf das, was an ihr Ohr und ihr Herz drang, zu hören.

„Im Krieg, da haben wir oft im Keller gesessen, während über uns die Bomben fielen. Da haben wir einfach versucht, unsere Ohren zu verschließen. Manchmal ist es das Einzige, was dir übrigbleibt, wenn du hilflos in einer Situation gefangen bist und sowieso nichts ausrichten kannst…"

Sie war erleichtert, diese Antwort in sich gefunden zu haben und wie damals als kleines Mädchen, schloss sie die Augen, fest an die Worte ihrer Mutter denkend in der trügerischen Hoffnung und irrigen Annahme, das Böse würde an ihr vorbeigehen, wenn sie es nur intensiv und lange genug ignorierte.

Ein Samstagvormittag

Es war Samstag und Carlotta hatte nach langem Bitten und Betteln die Erlaubnis bekommen, ihren Vater in den Baumarkt begleiten zu dürfen. Sie liebte diesen Ort, diese riesigen Hallen mit Regalen bis unter die Decke, an dem es so seltsam nach frisch geschnittenem Holz roch, nach Plastikrohren und Farbe.

Der Baumarkt war für viele ein Ort, der all die Materialien und Werkzeug bot, damit Kunden ihre kleinen und vielleicht sogar großen Träume des Lebens verwirklichen können. Da waren die schier unzähligen Kästen mit Nägeln und Schrauben aller Größen und die unterschiedlichsten Dosen mit den schillerndsten Farben.

Vielleicht war es das Gefühl, das alles möglich wäre, hier in diesem Laden, der die Mittel zum Traumhaus und somit Traumleben anbot, das die Menschen anzog. Suchen wir doch alle unser Heim, versuchen wir doch alle auf die ein oder andere Weise unsere Gefühlswelt zu bauen, zu vervollkommnen, wohnlicher und lebenswerter zu machen.

Und so war es auch an diesem verregneten Samstag, als Carlotta, gummistiefelbewährt, neben ihrem Vater trabte, voller Vorfreude auf den aufregenden Baumarktbesuch.

Nun standen sie an der Ampel und warteten, dass sich das grüne mit dem roten Männchen abwechseln würde, wie es ihr Vater ihr erklärte, was auch so ziemlich das einzige war, was an Gespräch zwischen ihnen beiden stattfand. Über ein Gespräch Kontakt zu seiner Tochter herzustellen und aufzubauen, fiel ihm stets besonders schwer.

Worüber sollte er mit ihr auch reden?

Er kam nicht zu ihr durch, so empfand er es. Sie war ihm fremd, dieses kleine Wesen, das so unschuldig daherkam, dass diese, seine Tochter, ihm auf seltsame Weise schmerzlich sein Herz berührte und gleichzeitig zutiefst sexuell erregte, dass er nicht an sich halten konnte.

Was war es nur, was von ihr ausging, das ihn oft so ausrasten und sich vergessen ließ, dass er es hinterher kaum fassen und ertragen konnte, wie er über sie hergefallen und seine Hände, seine Zähne und sein Genital in ihren zarten Körper gebohrt hatte?

In einem Anflug von Verzweiflung strich er sich durchs Haar, während er sie beobachtete, wie sie gebannt auf die Ampel und das kleine rote Männchen blickte mit ihrem ernsten, viel zu ernsten Gesicht, das schon so viel Leid in sich trug, dass er demjenigen, der ihr das angetan hatte, am liebsten die Fresse eingeschlagen hätte. Aber das ging ja nicht, das war ja er, dachte er noch und eine unerträgliche Spannung machte sich in ihm breit.

Gerne hätte er ihr etwas Liebes gesagt, um etwas an ihr gutzumachen. Doch er wusste nicht was, noch wie er es ihr sagen sollte und irgendwie fiel es ihm auch schwer, sie in den Arm zu nehmen, erregte ihn doch ihre unschuldige Art, wenn sie, wie früher, sich an ihn gekuschelt und ihren kleinen Kopf an seine Brust geschmiegt hatte.

Er fasste sich ans Kinn, das sich unrasiert und stoppelig anfühlte. Wenn er nur gekonnt hätte, er hätte geweint über all das, was er ihr angetan hatte. Geweint über sich selbst und das Arschloch von Mensch, das er geworden war. Und geweint über sein beschissenes, an die Wand gefahrenes Leben, aus dem er nicht ausbrechen konnte und das ihn gefangen hielt und zudem immer mehr in eine Richtung zu drängen schien, in die er im Grunde genommen doch gar nicht wollte.

Würde sie ihm jemals verzeihen können? - schoss es ihm plötzlich durch den Kopf. Hasste sie ihn schon hinter ihrem verschlossenen Herzen?

Er wusste es nicht und er bezweifelte, dass sie jemals mit ihm darüber reden würde.

„Papi, es ist grün!", riss ihn ihre helle Kinderstimme aus seinen Gedanken. „Es ist grün, komm jetzt!"

Und dann griff ihre kleine, warme Hand nach der seinen und sie zog ihn mit sich, als wäre er der kleine Junge von einst, der verloren in seinem Leben orientierungslos auf die falsche Fährte gesetzt worden war. Er ließ sich von ihr über die Straße führen, wie benommen in dem Gefühl, wieder der kleine Junge von einst zu sein, der an einem Samstagmorgen mit seiner Mutter zum Markt gegangen war und dem so entsetzlich der Hintern brannte, dass er kaum laufen konnte, war doch sein Vater die Nacht davor wieder über ihn hergefallen.

Für einen Moment spürte er die tiefe Verzweiflung in seiner Seele, den Schmerz, mit niemandem reden zu können, den Schmerz seines Körpers, der geschunden und blutig um Hilfe schrie und er tagelang keinen Stuhl absetzen konnte aus Angst, es würde wieder alles aufreißen und er vor sich hin bluten. Fast wäre er noch am Kantstein gestolpert, so sehr war er in diesem Gefühl gefangen, wenn Carlotta ihn nicht gehalten hätte.

Während er noch den Blick in seinem Inneren schweifen ließ, empfand er plötzlich eine Klarheit in seinem Gefühl, die er selten so hatte spüren können. Ihm war, als gäbe es einen Ausweg aus seiner Misere und dass dieser Ausweg seine Carlotta war, die in ihrer unschuldigen Art den kleinen Jungen in ihm zum Leben erweckte und hervorbrachte. Er, der kleine Junge, der so unendlich gelitten hatte und immer noch gefangen in seinem Inneren darauf wartete, befreit zu werden.

Er spürte, wie ihm dieses Gefühl, obgleich es ihn unendlich schmerzte, zugleich gut tat, konnte er doch, wenn auch nur für einen Moment so sein, wie er in seinem tiefsten Inneren war und sich selbst annehmen und lieben, in all seiner Echtheit. Es war ein schönes und zugleich befreiendes Gefühl, sich selbst spüren zu können. Er hätte weinen und lachen mögen vor innerer Ergriffenheit und Liebe, die ihn durchflutete. Unwillkürlich drückte er Carlottas Hand. „Mein liebes Mädchen", dachte er, „meine liebe Carlotta…"

Mein Gott, wie er sie doch liebte, dieses kleine Geschöpf. Plötzlich blieb er unwillkürlich stehen, beugte sich zu ihr herab, drückte sie etwas unbeholfen an sich und strich ihr über die Wangen.

„Bist du glücklich, mein Kleines?"

Carlotta nickte stumm.

Nachdenklich betrachtete er sie. „Warum lächelst du nicht? Bist du nicht glücklich?"

„Ich weiß auch nicht so genau", antwortete sie ihm ernst, irritiert ob seiner Gefühle. Erschrocken hatte sie sich bei seiner Berührung zurückgezogen, verhieß diese doch meist nichts Gutes.

„Hm, na dann lass uns erst mal weitergehen und wenn du willst, können wir im Baumarkt noch ein Würstchen mit Senf essen. Klingt das gut?"

„Ja, das klingt gut", sagte Carlotta in ihrer ernsten Art und etwas verunsichert zog sie ihre Hand aus der seinen und lief ein paar Schritte voraus. Sie verstand diesen Mann nicht, der sich selbst am aller wenigsten verstand. Sie durchschaute seine Gefühle nicht, die wie ein unendliches Chaos ihm selbst ein Rätsel waren, und sie fürchtete sich vor seinen Attacken, wenn er plötzlich aus heiterem Himmel so komisch wurde und sie mit einer unvorstellbaren Brutalität und Gewalt zu Boden zwang, um sich so ihrer auf eine Art zu bemächtigen, sodass von ihr selbst, ihrer Liebe und ihrem Leben kaum etwas übrigblieb.

„Würde sie jemals einem Menschen wieder trauen können?", dachte er noch, als er sie vor sich durch die Pfützen stapfend beobachtete. Oder würde es ihr so ergehen wie ihm, der sich vor der Welt und den Menschen verschlossen hatte und nur Hass und Ablehnung allem und allen gegenüber empfand? Würde es ihr so ergehen wie ihm, der in sich zurückgezogen ein einsames, kärgliches, kaltes und liebloses Dasein führte, ohne Liebe, ohne Freude, ohne Hoffnung? Als Gefangene ihres Schicksals, ihrer Vergangenheit und ihrer verletzten, nie heilenden Gefühle?

Wenig später saßen sie auf den hohen Barhockern an einem der hohen Bistrotische und aßen von zwei Pappschälchen ihre Würstchen mit Senf. Carlotta aß mit großem Appetit, während er sie beobachtete.

„Schmeckt es?"

„Ja", antwortete sie.

„Warum lächelt sie nie?", schoss ihm plötzlich die Frage erneut durch den Kopf. „Warum ist sie bloß immer so ernst?"

Er selbst war als Kind auch immer ernst gewesen, bis er dann angefangen hatte zu rebellieren. Ob er wohl Schuld an dem hatte, was er hier in Gestalt seiner kleinen, verschlossenen Tochter vor sich hatte? Dieser Gedanke war ihm so bislang nie gekommen und doch wusste er die Antwort.

Am Nebentisch war eine junge Familie mit Kindern in Carlottas Alter, die lachten, allerhand Unsinn trieben und sich sichtlich ihres

Lebens freuten. Sein Blick wanderte von ihnen zu seiner Carlotta, die stumm ihr Würstchen aß und die er, so musste er sich eingestehen, eigentlich wenig lachen gesehen hatte.

„Wann hatte er sie das letzte Mal lachen gesehen?", fragte er sich plötzlich erschrocken. „Oder lächeln? Sie war ja immer so still und stumm!"

„Hier. Willst du ein Stück von meiner Wurst?", er hielt ihr das Ende seiner Bockwurst hin. Sie blickte ihn erstaunt an und dachte unwillkürlich an die „Wurst", die er ihr sonst immer mit unerbittlicher Härte vor die Nase hielt.

„Hier, nimm doch!", setzte er leicht gereizt nach, ihre Gedanken spürend. „Es ist doch nur eine Bockwurst, verdammt!"

Betroffen senkte Carlotta den Blick.

Sie schwiegen eine ganze Weile.

„Sag mal, magst du deinen Papa eigentlich?", brach es plötzlich aus ihm heraus, ganz unwillkürlich und er hoffte, dass die Leute am Nebentisch es nicht mitbekommen hatten.

Erstaunt schaute Carlotta auf und blickte ihm direkt in die Augen.

Er spürte plötzlich eine unendliche Angst in sich, die ihn erzittern ließ. Es war einfach so aus ihm herausgebrochen, als hätte ein anderer in ihm gesprochen, das Kind in ihm vielleicht, der kleine Karl, wie es ihm vorkam, der seine kleine Freundin, Carlotta, fragte, ob sie ihren Vater möge.

Carlotta blickte ihn an und wusste nicht recht, wen sie da vor sich hatte. Es war nicht ihr Vater, wie sie ihn kannte. Irgendwie war er ihr fremd und gleichzeitig vertraut, nicht so bedrohlich und hart wie sonst, so dass sie fast hätte Vertrauen zu ihm haben können.

„Nein", sagte sie in sich, so, dass sie es nur fühlen konnte, während ihre Lippen ein tapferes „Ja" hervorbrachten. Und doch hatte er ihr nein gehört, hatte es wie einen Donnerschlag in seinem Herzen vernommen und wusste, dass er auch nichts anderes verdiente. Er war ein Schwein geworden, ein Schwein wie sein Vater und er war schon viel zu weit gegangen, als dass er noch hätte einhalten und zurückgehen können.

Er senkte den Kopf ob dieser Erkenntnis und seine Gesichtszüge verhärteten sich. Es war, als ob er zu tief in den

Spiegel seiner Wahrheit geschaut hätte und das, was sich dort vor ihm auftat, war so abgrundtief abscheulich und erschütternd zugleich, dass er es nicht auszuhalten in der Lage war.

„Ich mochte meinen Vater damals auch nicht", hörte er sich noch sagen. „Er war sehr streng und hat mir immer den Hintern versohlt."

„Es tut mir leid", antwortete ihm Carlotta mit ihrer ernsthaften Stimme, über ihr Würstchen gebeugt.

„Mir auch", sagte er leise und seufzte. „Mir auch."

Nach einer kleinen Pause stand er auf und hob Carlotta von dem hohen Hocker herunter. „Komm lass uns los, sonst macht Mutti wieder Radau, dass wir uns so lange herum getrieben haben. Und sag ihr bloß nichts von dem Würstchen, sonst ist sie sauer, weil wir schon gegessen haben."

Carlotta nickte.

Stumm gingen sie nebeneinander nach Hause und in Wahrheit gab es auch nicht mehr viel zu sagen zwischen ihnen, denn alles, was Wesentlich war, war gesagt.

Wie wird es wohl weitergehen, dachte er noch bei sich, das sind noch ein paar gute Jährchen, bis sie erwachsen ist und ihre eigenen Wege geht.

Hätte er nur die Kraft gehabt, den Spiegel der Wahrheit, der seine Tochter für ihn war, anzunehmen, anstatt ihn zu zerschlagen! Hätte er nur den Mut besessen, hinein zu blicken und in ihm sein eigenes Leid zu erkennen, anstatt die Augen vor ihm zu verschließen, vielleicht hätte er das Ruder in seinem Leben noch einmal herum reißen können, anstatt weiter auf falschem Kurs in Richtung Verderben zu fahren.

So sind wir, die wir das Grauen erlebten und in uns tragen, dazu aufgefordert und eingeladen, uns alle immer wieder dazu aufzuraffen, für einen Moment innezuhalten und uns zu fragen, welche Spiegel in unserem Leben wir ignorieren und im schlimmsten Fall sogar zerschlagen.

Denn wer erwachsen ist, hat die Macht und somit die Möglichkeit zu entscheiden, ob er die Wahrheit, die er in anderen

Menschen sieht und erkennt, für sich annehmen möchte, oder ihre Herzen und somit das seine zum Schweigen bringt, auf dass er nicht mehr hören und sehen muss, wie es um ihn bestellt ist.

Biografie

Wienke Ursula Schulenburg arbeitet als Autorin und Vortragende in Deutschland und Spanien. Daneben führt sie Workshops durch und unterstützt Betroffene und Interessierte als Heilpraktikerin, psychologische Lebensberaterin und Life Coach.

Sie ist als Pressesprecherin für die gemeinnützige Einrichtung „El Faro, Verein zur Hilfe und Unterstützung von Opfern sexuellen Missbrauchs und Gewalt, e.V." in Berlin tätig.

Durch ihre eigene Biografie zeigt sie, dass es möglich ist, nicht nur Traumata zu überleben und zu überwinden, sondern „Miseren in eine Mission" zu transformieren und ein Leben in Sinnhaftigkeit und Freude zu führen.

Sie ist bekannt dafür anderen zu helfen, ihr Leben wieder zu finden und erfinden, besonders, wenn Missbrauch, Gewalt und Trauma erlebt wurden. Dem Erlebten eine Stimme und Ausdruck zu geben, zum Zweck der Selbstbefreiung und um Möglichkeiten der Transformation für andere aufzuzeigen, ist Ziel ihrer Arbeit durch Vorträge, Workshops, psychologische Beratungen und Publikationen.

So werden aus Zusammenbrüchen letztendlich Durchbrüche und führen zu einer gestärkten Position im eigenen Leben und Vorreiterposition in der Welt.

Weitere Informationen über ihre Website:

soulcentered-evolution.com